JOYAS DE LA
ARQUITECTURA

Dirección editorial
Isabel Ortiz

Textos
Varios autores

Revisión de textos
Equipo Tikal

Realización gráfica y técnica
Global Edition - Proyecto de Comunicación

Diagramación
Equipo Susaeta

Fotografía
Grupo Uno y otros

Tratamiento de imágenes
José de Haro

Preimpresión
Miguel Ángel San Andres

Diseño de cubierta
más!gráfica

© SUSAETA EDICIONES, S.A. - Obra colectiva
Tikal Ediciones
C/ Campezo, 13 - 28022 Madrid
Tel.: 91 3009100 - Fax: 91 3009110

JOYAS DE LA
ARQUITECTURA

UN VIAJE A TRAVÉS
DE LOS CINCO
CONTINENTES
PARA CONOCER LAS
CONSTRUCCIONES
MÁS FABULOSAS
DEL PLANETA

TIKAL

ÍNDICE DE **CONTENIDOS**

A LA IZQUIERDA
El Coliseo romano,
Italia.

Introducción

La historia de la arquitectura es la historia de la humanidad. El propio Víctor Hugo llegó a escribir: «La arquitectura es el gran libro de la humanidad», en referencia al hecho de que supone una de las artes y ciencias vinculadas al ser humano y a su periplo universal y temporal casi desde sus orígenes.

A lo largo de los siglos hemos necesitado de la arquitectura para sobrevivir, amparándonos en las construcciones para protegernos de las inclemencias meteorológicas, o de los rigores climáticos de un planeta o de un entorno que, a veces, nos resulta hostil. Hasta tal punto es así, que llegamos a acuñar el término «hogar» para referirnos a ese edificio que se convertía en una réplica del útero materno. La construcción que hemos denominado «casa» ha sido sinónimo de refugio, sosiego y tregua vital, a lo largo de los siglos.

Pero hay mucho más, y así, cuando los primeros seres humanos perciben la llamada (o tienen la necesidad) de la espiritualidad, la religión o la fe, sienten la obligación de volver a utilizar la arquitectura para construir templos, espacios en los que, en definitiva, pueden establecer un vínculo singular con las diferentes deidades. Una costumbre que nunca hemos abandonado.

Las vicisitudes de la historia de la humanidad se han reflejado en todo tipo de construcciones: castillos, palacios, catedrales, murallas, fortines, rascacielos, parlamentos, consistorios, etc., que han ido satisfaciendo necesidades y deseos, a la vez que se convertían en testigos del devenir secular del ser humano.

No obstante, la arquitectura es mucho más que una serie de reglas que imponen o disponen la forma o el método por el que se han de construir los diferentes edificios. La arquitectura es también un arte y, como tal, goza de las características y propiedades del lenguaje. Todas las artes son una forma de lenguaje. De este modo, la arquitectura no es una, y por eso hablamos de arquitecturas, forma de aglutinar las diferentes interpretaciones que los diversos seres humanos ubicados en distintas épocas y regiones han otorgado al hecho básico y tecnocientífico de la arquitectura. De hecho, el lenguaje de la arquitectura acaba por sobreponerse a la técnica arquitectónica en, prácticamente, cualquier momento de la historia.

Este libro, esencialmente mediante el poder de la imagen, condensa ese universo de arquitecturas que han poblado y pueblan el trazado temporal y el espacio geográfico de la humanidad.

» DE FORMA EVOCADORA, SCHOPENHAUER AFIRMABA QUE «LA ARQUITECTURA ES UNA MÚSICA CONGELADA». PODRÍAMOS AÑADIR QUE CADA ARQUITECTURA QUE SE ENCUENTRA EN ESTE LIBRO ES TAMBIÉN UN ANHELO CONGELADO QUE PERSISTE A LO LARGO DEL TIEMPO ».

MÁXIMO SÁNCHEZ
UNOEDICIONES

CAPÍTULO I

La arquitectura doméstica

UNA DE LAS FUNCIONES PRIMARIAS de la arquitectura ha sido, desde sus orígenes, la de protección de la intemperie y las inclemencias de la meteorología. Con el paso del tiempo y el dominio de las técnicas de construcción, comenzaron a surgir un número creciente de funciones secundarias. Siempre se ha considerado que las primeras viviendas de los seres humanos fueron las cuevas naturales, que en sus orígenes debieron disputar a los animales. Hacia el Neolítico, los hombres abandonaron las cuevas y comenzaron a construir sus primeras viviendas, que consistían básicamente en chozas y cabañas de madera o palafitos, generalmente a orillas de algún río que les abasteciera de agua. Se trataba de construcciones rústicas, fabricadas con materiales obtenidos de la naturaleza que los rodeaba, como madera y barro.

ARRIBA
RESTOS DE LA CIUDAD DE UR, IRAK.

A LA IZQUIERDA
PALACIO DE CNOSOS, CRETA,
GRECIA.

ARQUITECTURA DOMÉSTICA EN MESOPOTAMIA

La técnica de cocción de las piezas de adobe, para ser empleadas en obras de construcción, se inició en Oriente Próximo, en la cuenca de los ríos Tigris y Éufrates, con la civilización mesopotámica. Las excavaciones realizadas en Ur, ciudad natal del patriarca Abraham, han sacado a la luz los barrios de viviendas intramuros. Esta zona residencial parece ser una de las zonas más antiguas de la ciudad; estaba formada por viviendas de tamaño y planta variable, en función del espacio disponible y del poder adquisitivo de su propietario. Como norma general constaban de dos plantas: la baja, que debía ser más resistente, construida con ladrillos cocidos, y la superior, con adobe. Para ocultar el uso de distintos materiales, se enlucían las paredes con cal y yeso. La distribución normal de estas viviendas era alrededor de un patio central pavimentado, que proporcionaba la iluminación y aireación necesarias a las distintas dependencias que se distribuían en torno a él, ya que carecían de ventanas al exterior.

LAS VIVIENDAS EGIPCIAS

Se emplearon materiales similares en las viviendas de la más importante civilización antigua del continente africano: la civilización egipcia. Lo primero que llama la atención es la escasez de restos de arquitectura doméstica y construcciones civiles que han llegado a nuestros días. La respuesta a esto la encontramos precisamente en el uso de materiales perecede-

13

ros: ladrillos de barro mezclado con heno o paja y cocidos al sol se empleaban para levantar los palacios y viviendas; la madera para las columnas, ventanas y marcos, y el cañizo para las techumbres, lo cual no ha permitido su conservación hasta nuestros días. Pese a ello, los pocos restos que nos han llegado nos permiten hacernos una ligera idea de cómo eran las viviendas en esta época. Las de las clases más pudientes creaban amplios conjuntos urbanos y delimitaban, ellas mismas, las calles principales. Las familias de clase media edificaban sus casas en los espacios vacantes dejados por las viviendas de los ricos. Por último, los menos afortunados no tenían más re-

medio que edificar en los huecos irregulares que dejaban el resto de las viviendas. En cuanto a la distribución de las dependencias, se aprecia una curiosa semejanza con las actuales. El espacio de entrada solía emplearse para la recepción de visitas. La habitación de mayor tamaño era la sala central donde se reunían los moradores. Al fondo se encontraban las zonas más íntimas, como los dormitorios o la cocina, con despensa y pequeña terraza.

ARQUITECTURA DOMÉSTICA EN GRECIA Y ROMA

En la civilización griega encontramos pocas variaciones. Las construcciones si-

guen edificándose con materiales livianos, reservando el mármol y la piedra para los edificios civiles y religiosos de mayor importancia. Las viviendas destacan por su sencillez; tan sólo las de las familias más pudientes tenían habitaciones separadas para hombres y mujeres y disponían de pozos de agua. Prácticamente lo que conocemos de la arquitectura doméstica griega se lo debemos a la civilización de Roma que las imitó.

En la ciudad romana encontramos dos tipos básicos de vivienda: la *domus* o alojamiento unifamiliar, que estaba reservada a las familias más pudientes, y las *insula*, o bloque de casas que se dividían en dis-

CUANDO LOS CONQUISTADORES
LLEGARON A AMÉRICA,
QUEDARON SORPRENDIDOS POR
SUS CIUDADES, TAN
DESARROLLADAS COMO LAS DE
CUALQUIER LUGAR DE LA
ANTIGUA CHINA O DEL MUNDO
MEDITERRÁNEO. LAS VIVIENDAS
DIFERÍAN DE ACUERDO CON EL
ESTRATO SOCIAL. LAS CLASES
MÁS ELEVADAS DISPONÍAN DE
CASAS DE GRAN SUPERFICIE Y DE
HASTA CINCO ALTURAS, MIENTRAS
QUE LAS CLASES MENOS
ACOMODADAS TENÍAN VIVIENDAS
DE UNA SOLA PLANTA.

ARRIBA
LA MEZQUITA DE LA CIUDAD DE
TOMBUCTÚ.

A LA DERECHA
RESTOS DE LA CIUDAD DE MACHU
PICCHU.

PÁGINA ANTERIOR
VILLA ROTONDA, VICENZA, ITALIA.

tintos pisos y que solían albergar unas cinco o seis viviendas, reservando las plantas bajas para comercios o talleres. La altura que alcanzaban estos bloques llegó a limitarse a veinte metros en época de Julio César (100-44 a. C.). Sólo los más ricos podían permitirse una *domus*, cuya disposición en planta seguía el modelo de estancias en torno a una serie de patios. Además solían dar la espalda a las calles, proporcionando cierta intimidad de la que carecían las *insula*, abiertas al exterior mediante puertas y ventanas.

Por último, deberíamos hacer especial mención a las *villae*, que se levantaban a las afueras de las ciudades y eran muy si-

milares a las *domus*, aunque con una mayor importancia concedida al jardín.

ARQUITECTURA DOMÉSTICA EN CHINA Y JAPÓN

La arquitectura doméstica en China atrae especialmente la atención occidental por su singularidad. El rasgo principal es el empleo en la edificación de materiales tan delicados como la madera, el bambú o la porcelana. En casi todas las civilizaciones, son muy importantes los medios económicos con los que el propietario contaba para la realización de la vivienda, distinguiendo entre sencillas, de una sola planta, con diferentes estancias rodeadas de zonas verdes, o las viviendas de varios

15

pisos, de las cuales se reservan los más altos para los almacenes. Normalmente un patio interior proporcionaba la iluminación necesaria a las dependencias, ya que solían carecer de ventanas al exterior. Durante el invierno, un peculiar sistema de calefacción, basado en una serie de conductos de barro en las paredes, distribuía por las distintas estancias el calor que despedía un brasero.

En cuanto a Japón, hay que destacar que la casa tradicional japonesa está realizada en madera y cubierta con tejas. Su interior está formado por un espacio rectangular, dividido por los característicos paneles móviles de papel de arroz. Todo el suelo se encuentra enlosado en madera con los tradicionales tatamis. Una de las peculiaridades más relevantes de la arquitectura residencial japonesa es la armonía de las proporciones y la simplicidad formal. En la actualidad, la influencia occidental se ha implantado con mucha fuerza, llegando a considerar a muchos de los arquitectos japoneses actuales entre los mejores del panorama arquitectónico moderno.

Las viviendas de Mesoamérica

Las civilizaciones indígenas de Mesoamérica y de los Andes alcanzaron unos lo-

El siglo XX fue, arquitectónicamente hablando, el siglo de la vivienda. Surge el compromiso con las necesidades del ser humano, y, en especial, con el lugar donde ha de habitar. La aportación de Gropius con la escuela Bauhaus fue fundamental. Influyó en las construcciones contemporáneas posteriores con la concepción de que el arte debía servir al individuo y ser funcional, además de emplear medios artísticos y técnicos.

gros artísticos e intelectuales que perfectamente podrían rivalizar con los de la antigua China, India, Mesopotamia o el mundo mediterráneo. Por ello no es de extrañar que a la llegada de los conquistadores al Nuevo Mundo fueran comunes las alabanzas y admiración por los complejos templos y las desarrolladas ciudades que allí se encontraron.

En estas ciudades, las viviendas se diferenciaban unas de otras según la clase social de su propietario, había grandes casas que alcanzaban hasta cinco alturas y se dividían en una parte central, donde habitaba la familia principal, y unas laterales reservadas al servicio. Las casas más modestas contaban con una sola planta y sencillas dependencias en torno a un patio central.

LA ARQUITECTURA DOMÉSTICA EN EL SIGLO XX

A grandes rasgos, podemos asegurar que el siglo XX ha sido el siglo de la vivienda, el siglo en que la arquitectura ha estado más comprometida con las preocupaciones físicas del individuo, aunque también podemos confirmar que nunca la relación entre profesionales y usuarios había sido tan distante.

En el año 1919 el arquitecto Walter Gropius fundó la Bauhaus, en Weimar (Alemania), que ejerció gran influencia en la posterior arquitectura contemporánea. Esta escuela sostenía que el arte debía responder principalmente a las necesidades de la sociedad y del individuo, sin hacer distinción entre la artesanía utilitaria y las bellas artes. Su estilo se caracterizaba sobre todo por el equilibrio entre la funcionalidad y los medios artísticos y técnicos, empleando materiales como el cristal y el hormigón. Otra característica era la ausencia de ornamentación en diseño y fachadas.

Por otro lado, a principios de siglo el arquitecto estadounidense Frank Lloyd Wright comenzó a realizar sus primeros logros, llegando a acuñar el término de «arquitectura orgánica», cuya idea central consiste en que la construcción debe derivarse directamente del entorno natural.

CAPÍTULO II

La arquitectura religiosa

EL ARTE ARQUITECTÓNICO RELIGIOSO es el dedicado a la creación de moradas para el dios, donde el hombre puede encontrarse con él. El principal objetivo de este capítulo es establecer una rápida visión de cómo los distintos ritos y costumbres, relacionados con el ámbito de la religión, han sido determinantes en la formación de una tipología arquitectónica en las distintas culturas, a lo largo de la historia. La arquitectura sagrada recorre la historia de todas las culturas. El arte arquitectónico religioso es el poder de creación de moradas para el dios, donde el hombre pueda encontrarse con él. La arquitectura religiosa recorre la historia de todas las culturas y no halló mejor vehículo de expresión que el simbolismo implícito en sus construcciones.

ARRIBA
CÚPULA DE LA ROCA, JERUSALÉN, ISRAEL.

A LA IZQUIERDA
TEMPLO DE LUXOR, EGIPTO.

ARQUITECTURA RELIGIOSA EN MESOPOTAMIA

En la civilización surgida «entre ríos» (mesos-pótamos) la religión jugó un papel fundamental. Una organización social jerarquizada mostraba cierta centralización del poder económico y político, en torno a un sacerdocio que monopolizaba la actividad administrativa de la comunidad. Esta supremacía de la religión quedaba patente en la importancia de los templos dentro de las ciudades, en las cuales el zigurat surgió como la principal edificación de la arquitectura religiosa asiria.

Los santuarios en forma de torre solían estar construidos en adobe y, a veces, revestidos con ladrillos vidriados. Su estructura estaba formada por una serie de rampas que ascendían hasta el templo, que se encontraba en la parte superior coronando el conjunto. Quizás el mejor ejemplo de zigurat fue el de la ciudad de Ur, levantado entre los años 2113 y 2048, en tiempos del gran Ur-nammu.

ARQUITECTURA RELIGIOSA EN EGIPTO

Más de 2.000 divinidades forman el panteón egipcio, por lo que no es de extrañar que la religión jugara un papel primordial en el arte y, más concretamente, en la arquitectura. Si bien las pirámides no se pueden considerar como arquitectura religiosa, sino más bien funeraria, solían estar comunicadas con un templo religioso emplazado a orillas del Nilo.

Los dioses y los más bellos ejemplos que conservamos pertenecen al Imperio Nuevo. Como en cualquier otra religión, el templo egipcio representaba la casa del dios, donde se albergaba su imagen y donde los sacerdotes oficiaban sus ritos. No se consideraba un lugar público de culto, sino el recinto donde se albergaba al dios, por lo que el templo debía perdurar en el tiempo.

Apenas ningún resto nos ha llegado de los primeros templos egipcios, debido a que se emplearon materiales perecederos, por lo que los más bellos ejemplos que se conservan pertenecen ya al Impe-

rio Nuevo (1560-1085 a. C.), como es el caso del templo de Amón en Luxor o el de Jons en Karnak. Incluso más ambiciosos que las tumbas, estas obras arquitectónicas seguían el esquema de avenidas procesionales, con esfinges y pilonos de acceso al interior, donde el espacio más sagrado era el santuario. Numerosas cámaras auxiliares e imponentes salas hipóstilas solían completar el conjunto.

También hay que destacar que la gran diversidad de divinidades del antiguo Egipto es consecuencia de la división del país en nomos o clanes, cada uno de los cuales tenía su propia divinidad.

ARRIBA
EL PARTENÓN Y EL TEMPLO DE ATENEA NIKÉ, ATENAS, GRECIA.

ABAJO
INTERIOR DE LA BASÍLICA DE SAN PEDRO, VATICANO.

PÁGINA SIGUIENTE
IGLESIA DE LALIBELA, ETIOPÍA.

CUANDO SE IMPUSO EL CRISTIANISMO COMO RELIGIÓN OFICIAL, SE EMPEZÓ A CONSTRUIR GRAN CANTIDAD DE IGLESIAS. EL MODELO DE PLANTA RECTANGULAR DE LOS PRIMEROS AÑOS, FUE VARIANDO SEGÚN LOS CAMBIOS QUE APORTÓ CADA CORRIENTE ARTÍSTICA, EN EL ROMÁNICO, EL GÓTICO O EL RENACIMIENTO. POR OTRA PARTE, EN ORIENTE LA ARQUITECTURA RELIGIOSA SE CARACTERIZABA POR TENER UN ESPACIO CIRCULAR U OCTOGONAL.

ARQUITECTURA RELIGIOSA EN GRECIA Y ROMA

La concepción de la arquitectura griega experimentó una variación al concebir al hombre como medida de todas las cosas. Existió una gran arquitectura, eminentemente religiosa o ceremonial, junto a la que aparecieron grandes conjuntos arquitectónicos dedicados al hombre y a sus actividades. En el campo de la arquitectura religiosa se evoluciona hacia la configuración del templo clásico. Los templos eran morada de los dioses y la tarea de la arquitectura era hacerlos bellos. De esta forma los templos se convierten en los edificios más importantes de la ciudad y a veces se concentran en la acrópolis o «ciudad alta».

En cuanto a los templos romanos, se diferenciaban de sus predecesores griegos tanto en su distribución interior como en la relación con el entorno, ya que los romanos se diseñan como majestuosos fondos de los rituales al aire libre. Durante el siglo II d. C. la vida religiosa del mundo romano cambió completamente, con la aparición de nuevas religiones. Algunos cultos antiguos recuperaron cierto vigor. El Panteón es un ejemplo de este tipo de arquitectura religiosa. Otra característica de esta época es la construcción de oráculos. Los romanos eran muy supersticiosos y, antes de tomar alguna decisión importante, consultaban la voluntad de los dioses.

ARQUITECTURA RELIGIOSA EN OCCIDENTE

El emperador Constantino adoptó el cristianismo como la religión oficial del Estado en el año 313 d. C. Será a partir de este momento cuando las iglesias se comiencen a construir a gran escala. En los primeros años del cristianismo, las iglesias siguieron el modelo de planta rectangular de la basílica romana, mientras que en Oriente se prefirió el espa-

cio circular u octogonal, rodeado por un deambulatorio.

La iglesia de planta rectangular fue finalmente la que se impuso en Occidente. Las distintas corrientes arquitectónicas, como el Gótico, el Renacimiento y el Barroco, irán desarrollando sus soluciones en las fachadas y en el interior de los edificios.

ARQUITECTURA RELIGIOSA EN ORIENTE

La muerte de Mahoma, profeta del islam, en el año 632, hizo que a partir de entonces se diera expresión arquitectónica a las exigencias de la fe en nume-rosos espacios dedicados a la congregación. Las primeras mezquitas, como la casa de Mahoma, eran tan sólo lugares de reunión, por lo que la mezquita era la morada de la divinidad. Ésta no poseía, en principio, un santuario similar a los cristianos. Sin embargo, su estructura fue cambiando con el paso del tiempo, y durante los siglos VII al XI se construyeron las grandes mezquitas de reunión de los viernes.

ARQUITECTURA RELIGIOSA EN CHINA Y JAPÓN

En los templos chinos encontramos una amplia gama de estilos arquitectónicos. Al budismo, el taoísmo y otras doctrinas religiosas ancestrales y tradicionales se hallan consagrados estos templos; aunque todos ellos comparten una misma estructura. Entre las muestras más famosas y llamativas de la arquitectura religiosa tradicional, están los templos de Lung-shan y Tienhou en Lukang.

En Japón cabe destacar los primeros templos sintoístas, en los que tenían lugar las ceremonias mágico-religiosas destinadas a los espíritus invisibles. El gran templo sinto de Ise, dedicado a la diosa del Sol, es el templo más antiguo de Japón y uno de los más importantes, siempre venerado. Reconstruido cada veinte años, según unos ritos litúrgicos

La arquitectura religiosa en Oriente se caracteriza también por su enorme riqueza y variedad. Se empezaron a edificar las primeras mezquitas tras la muerte de Mahoma: éstas eran, en un principio, meros lugares de reunión, dando un giro entre los siglos VII y IX, convirtiéndose en grandes templos. En China y Japón existe una gran gama de estilos en las construcciones religiosas, budistas o taoístas. En Japón destacan las sintoístas »

muy estrictos, es un ejemplo de esa sacralización de la materia. La llegada del budismo a través de China, en el año 552 a. C., transformó profundamente la cultura japonesa; pero no modificó los conceptos en que se basaba. Durante los periodos Heian y Fujiwara (784-1185), la arquitectura japonesa siguió un camino independiente de la china. La nobleza abrazó la religión budista, cuya impronta se puso de manifiesto en la construcción de grandes mansiones y de numerosos templos budistas.

Arquitectura religiosa en India

En India, como en otros países, toda expresión material de la cultura, y especialmente la arquitectura que nos ocupa, está relacionada con el poder político. Pese a todo, la inspiración principal de las grandes construcciones sigue siendo la religión.

Dentro de la arquitectura religiosa en India, podemos distinguir tres etapas sucesivas. En cada uno de estos ciclos se produjeron adaptaciones sorprendentes, pasando de la época de los monumentos hindúes y budistas a la época islámica y por último a la construcción al estilo occidental. Todos los ejemplos que se conservan de la antigua arquitectura india son religiosos, sin apenas restos de la arquitectura laica.

CAPÍTULO III

La arquitectura defensiva

LAS DIVERSAS CIVILIZACIONES han dejado testimonio de sus técnicas y de sus sistemas de defensa. Cada periodo de la historia está plasmado en multitud de construcciones defensivas, en las cuales resultan visibles las diferentes técnicas y estilos artísticos predominantes en cada momento. No obstante, siempre han primado la funcionalidad y la adecuación a las nuevas técnicas y tácticas militares que iban evolucionando.

ARRIBA
CASTILLO DE LOARRE, HUESCA.

A LA IZQUIERDA
LA GRAN MURALLA CHINA.

FORTIFICACIONES MESOPOTÁMICAS

Desde las ciudades-estado del periodo sumerio en Mesopotamia, se evidencia cómo las ciudades se rodeaban en principio con un vallado poco consistente; pero que, conforme iban aumentando las necesidades bélicas, se construyen murallas más sólidas, realizadas con adobe prensado y ladrillos cocidos. Según la mitología, hacia los años 2700-2600 a. C., el héroe Gilgamesh levantó las altas murallas y sólidas puertas de acceso a la ciudad de Uruk.

También hay referencias a que hacia el siglo VI a. C., la ciudad de Babilonia se encontraba rodeada por un foso de casi veinte metros de anchura y estaba rodeada de una muralla, jalonada por numerosas torres de defensa y hasta ocho grandes puertas de acceso. Entre todas ellas destacaba la famosa Puerta de Ishtar, decorada con ladrillos esmaltados y con relieves.

FORTIFICACIONES EN EGIPTO

Como norma general, las ciudades egipcias no fueron centros urbanos fortificados, dados los largos periodos de paz de que disfrutaron los faraones. Las grandes líneas de defensa se levantaron sobre todo a lo largo de la segunda catarata, en el Imperio Medio, con la edificación, por ejemplo, de la Fortaleza de Buhen, sólida y grandiosa construcción encargada de hacer frente a las amenazas asiáticas. Posteriormente, durante el reinado de Ramsés II (1301-1234 a. C.) comenzaron a llegar a Egipto los conocidos como «pueblos del mar», movi-

miento migratorio integrado por numerosos grupos que recorrían el Mediterráneo, llegando incluso a poner en peligro ciudades como Menfis o Heliópolis. Además, las tribus libias se internaron con gran fuerza por el desierto occidental, lo que obligó a Ramsés II a levantar una línea de fortificaciones, que se extendían a través del desierto libio.

Fortificaciones de la civilización griega y romana

En Grecia se buscaron las elevaciones naturales para la construcción del recinto amurallado o acrópolis (del griego, *akros*, 'grande'; y *polis*, 'ciudad'), que a modo de fortificación elevada servía, en un principio, para dar refugio a la población en caso de ataque, y donde se construirían los edificios más importantes de la ciudad. La base de la colina era escogida con frecuencia como emplazamiento de la ciudad. Un clarísimo ejemplo lo encontramos en las acrópolis de Atenas o de Corinto.

Por su parte, los romanos obtuvieron y mantuvieron su dominio gracias a su habilidad para la guerra. Durante siglos el ejército romano se consideró invencible, y ya hacia el año 200 a. C. los soldados de la República romana habían conquistado toda la península itálica, hasta el límite de los Alpes. Durante los trescientos años siguientes, fueron capaces de crear un imperio que se exten-

día desde la península Ibérica hasta el Golfo Pérsico. Para asegurarse la posesión de este enorme territorio, los soldados romanos construyeron poblados fortificados (conocidos como castros romanos), que posteriormente evolucionaron hasta convertirse en importantes ciudades del Imperio.

En cuanto a las grandes ciudades, se fortificaron con sucesivas líneas de murallas, como en la capital, Roma, donde la debilidad del imperio se hizo patente en el siglo III d. C. con el acoso de los pueblos bárbaros, que hizo necesaria la construcción de una nueva línea de murallas, iniciadas en el 271 por el emperador Marco Aurelio. Con una longitud de cerca de

LA APARICIÓN DE LA PÓLVORA Y LA CONSIGUIENTE INTRODUCCIÓN DE LA ARTILLERÍA EN LAS TÁCTICAS MILITARES REVOLUCIONARON POR COMPLETO LA ARQUITECTURA MILITAR. LOS LIENZOS DE LAS MURALLAS, HASTA AHORA IMPERTURBABLES, COMENZABAN A SUCUMBIR ANTE LOS IMPACTOS DE LOS PROYECTILES. SE TUVO QUE BAJAR LA ALTURA Y AUMENTAR EL GROSOR DE LOS MUROS, ADEMÁS DE INTRODUCIR INTRINCADOS SISTEMAS DE FORTINES Y BALUARTES INDEPENDIENTES .

ARRIBA
CRACK DE LOS CABALLEROS,
SIRIA.

A LA DERECHA
RESTOS DEL GRAN ZIMBABUE,
ZIMBABUE.

PÁGINA ANTERIOR
CASTILLO DE NEUSCHWANSTEIN,
BAVIERA, ALEMANIA.

veinte kilómetros, la muralla alcanzaba los seis metros de altura y tres metros y medio de espesor. Cada treinta metros se alzaba una torre de planta cuadrada y numerosas puertas de acceso al interior de la ciudad.

LAS MURALLAS EN LAS CIUDADES MEDIEVALES

De entre los elementos constitutivos de la ciudad medieval, las murallas eran una de las más importantes, junto con las puertas y torres. En prácticamente toda Europa, la muralla retuvo su función militar primaria, ya que con el paso del tiempo quedó patente que constituía un sistema defensivo mucho más efectivo que el castillo. Mien-

tras éste era un símbolo visible de sometimiento, la muralla alrededor de la ciudad protegía al pueblo y recordaba a la burguesía que también ellos eran parte de la ciudad.

Posteriormente, durante el periodo renacentista, las murallas iban a adoptar características extremadamente complejas y costosas. Dado que las populosas y prósperas ciudades de la Europa continental estaban en continuo crecimiento, se vieron obligadas a desarrollarse en etapas, cada una de las cuales iba precedida de la construcción de una nueva muralla. Un claro ejemplo lo encontramos en Florencia, con dos murallas medievales concén-

27

tricas, la primera del siglo XII y la segunda de principios del XIV, dispuesta alrededor del núcleo romano original.

FORTIFICACIONES DE CONSTANTINOPLA

La antigua muralla de Constantinopla fue construida por Teodosio II entre los años 408 y 450 d. C. Con más de seis kilómetros de longitud, comenzaban en la costa del mar de Mármara y formaban una especie de curva hasta alcanzar el Cuerno de Oro. En realidad constituían un sistema defensivo formado por una triple línea de dos murallas de casi ocho metros de altura y dos de grosor y un foso de cerca de veinte metros de ancho. Más de ochenta torres flanqueaban la que fue considerada como la más importante obra defensiva construida en época cristiana.

Tras resistirse al poderío del islam durante más de setecientos años, el sistema defensivo de la ciudad sucumbió en el año 1453 ante las tropas del sultán turco Mohamed II y su poderoso cañón, que era capaz de disparar proyectiles de más de 350 kilos de peso, para abrirse paso ante las, hasta ese momento, infranqueables murallas de Constantinopla.

ARRIBA
CASTILLO DE CHAMBORD, FRANCIA.

ABAJO
INTERIOR DEL CASTILLO DE LOARRE, HUESCA.

PÁGINA SIGUIENTE
LA GRAN MURALLA CHINA.

LA ARQUITECTURA MILITAR CHINA TIENE SU MEJOR Y MÁS CLARO EJEMPLO EN LA GRAN MURALLA. DURANTE 2.000 AÑOS SE FUE CONSTRUYENDO ESTA OBRA DE INGENIERÍA MILITAR, EN LA QUE PARTICIPARON VARIAS DINASTÍAS, ENTRE ELLAS LA DE LOS MING, QUE EN EL SIGLO XIV, LE DIO EL ASPECTO QUE HOY TIENE EN MUCHOS DE SUS ELEMENTOS. POR OTRA PARTE, EN JAPÓN LOS CASTILLOS ADQUIRIERON MAYOR IMPORTANCIA COMO CONSTRUCCIONES DE DEFENSA.

ARQUITECTURA MILITAR EN CHINA Y JAPÓN

No podemos hablar de arquitectura militar y no mencionar la obra de ingeniería por excelencia: la Gran Muralla China. Con una extensión de seis mil kilómetros, su construcción se inició en el siglo V a. C. y se continuó hasta el siglo XVI. Participaron casi veinte estados y dinastías, a lo largo de un periodo de dos mil años. Más de un millón de soldados levantaron sus lienzos, que en algunos puntos alcanzan los siete metros de altura y siete de ancho, y abrieron mil pasos fortificados y casi diez mil torres para mantener a los bárbaros fuera del Reino Medio. Paradójicamente, no sirvió para su objetivo, puesto que continuas invasiones atravesaron sus defensas. Ya en el siglo XIV la dinastía de Ming la reconstruyó casi completamente, dándole el aspecto que hoy en día conserva en muchos de sus tramos. Nunca volvería a desempeñar un papel tan significativo en la historia de China.

En Japón, sin embargo, fue la construcción de bellos y grandiosos castillos lo que tuvo más repercusión en la arquitectura defensiva. Tras un largo periodo de guerras y enfrentamientos, se inició un periodo de paz, durante los siglos XVI y XVII, que coincidió con el momento de mayor esplendor constructivo de los castillos. Entre los más bellos ejemplos destaca el castillo de Himeji, en Hyogo, datado en el siglo XIV y reconstruido en 1577. Su traza es un intento de combinar la función defensiva con la belleza y la elegancia, empleando para ello materiales como la piedra en los muros y la madera enlucida para cornisas y ventanas.

FORTIFICACIONES FRANCESAS DEL SIGLO XVIII

La arquitectura defensiva y militar tuvo en Francia a todo un teórico en Sebastián la Preste de Vauban, genio de la fortificación y de las tácticas de asedio. Fue el autor de la reconstrucción de cerca de doscientas setenta fortalezas y diseñó y construyó otras treinta. Su influencia fue tan grande que, durante el periodo en el que estuvieron vigentes sus ideas, el siglo XVIII, no se realizaron otras aportaciones importantes para el desarrollo de la fortificación y del asedio.

Capítulo IV

El urbanismo

EL URBANISMO o el arte de proyectar ciudades tiene su origen remoto en los primeros asentamientos humanos, al final del Neolítico, cuando el nomadismo de las primitivas tribus dejó paso, coincidiendo con la aparición de la agricultura, al sedentarismo. En estos primeros asentamientos aparecen, por primera vez, lo que podemos considerar como las primeras viviendas, ubicadas generalmente en cuevas. Sin embargo, tendremos que esperar hasta el surgimiento de las grandes civilizaciones para poder hablar de verdaderas ciudades proyectadas.

ARRIBA:
GENDARMENMARKT, BERLÍN, ALEMANIA.

A LA IZQUIERDA
ARCO DE CONSTANTINO, ROMA, ITALIA.

LA CIVILIZACIÓN MESOPOTÁMICA

Una de las civilizaciones más antiguas que conocemos fue la que surgió entre los ríos Tigris y Éufrates y que designamos con el nombre de civilización mesopotámica. En esta región se levantó, hacia el 1700 a. C., la ciudad de Ibin-Larsa. Gracias a las recientes excavaciones que la han sacado a la luz, hemos podido conocer el trazado de la ciudad en la época del gran Nabucodonosor (hacia el 600 a. C.). La ciudad contenía un recinto sagrado o *temenos*.

Será en el trazado del recinto sagrado donde se aprecie ya cierta tendencia a organizar el espacio en líneas rectas. Por otra parte, la ciudad se extendía por doquier, mediante numerosos barrios de viviendas que no se ajustaban a ninguna planificación urbana predeterminada. Esto es un ejemplo representativo de lo que se ha venido en llamar en la historia del urbanismo como crecimiento orgánico.

LA CULTURA DE HARAPPA

Coincidiendo en el tiempo con los primeros asentamientos mesopotámicos, en la cuenca del río Indo floreció, hacia los años 2150-1750 a. C., la cultura de Harappa, civilización que produjo los principales centros urbanos del subcontinente indio. La principal característica de estos asentamientos es la existencia de una ciudadela elevada sobre plataformas de ladrillos de adobe que se solía rodear con murallas y que constituía el núcleo urbano principal de la ciudad. Alrededor de la ciudadela se extendía la «ciudad baja», que también estaba fortificada, aunque más expuesta, pues carecía de la posición predominante que tenía la ciudadela. Será en estas ciudades bajas donde podremos encontrar un curioso trazado en retícula más o menos regular, que constituye uno de los primeros procesos deliberados de planteamiento urbano. De esta manera se rompe con la creencia de que los creadores del trazado en retícula fueron los griegos, más concretamente Hipodamo de Mileto. Un ejemplo muy representativo lo encontramos en la ciudad de Mohenjo-Daro, en el Punjab.

URBANISMO EGIPCIO

En el continente africano la civilización egipcia prosperó también en torno a un río, el Nilo, que con sus dos crecidas anuales condicionó el urbanismo de las ciudades que a sus orillas se levantaron. A pesar de los escasos restos que nos han llegado, tenemos constancia de que las ciudades fueron tan antiguas como las sumerias. La escasez de restos se puede achacar principalmente a dos sencillas razones. La primera es que los materiales empleados

ARRIBA
PLAZA NAVONA EN ROMA, ITALIA.

ABAJO
RESTOS DE LA CIUDAD ROMANA
DE LEPTIS MAGNA, LIBIA.

PÁGINA SIGUIENTE
EL COLISEO ROMANO.

EN ROMA TAMBIÉN FUE IMPORTANTE EL URBANISMO. SE EDIFICARON «CASTRA» O CAMPAMENTOS MILITARES. SE CARACTERIZABAN, PRINCIPALMENTE, POR TENER UN PERÍMETRO RECTANGULAR Y PLANOS SENCILLOS. LO QUE FUERA EL ÁGORA PARA LOS GRIEGOS ERA EL FORO PARA LOS ROMANOS, MIENTRAS QUE LAS CONSTRUCCIONES PÚBLICAS SE ENCONTRABAN CERCA DE ÉSTE. POR OTRA PARTE, LOS CIRCOS SE SITUABAN MÁS LEJOS DEBIDO A LA NECESIDAD DE ESPACIO QUE REQUERÍAN .

para la mayoría de edificaciones de la ciudad eran mucho más perecederos que la piedra empleada para las construcciones religiosas. Por otro lado, la paz interna de que gozó Egipto durante mucho tiempo hizo innecesaria la edificación de fortificaciones, por lo que aprovechaban, generación tras generación, los ligeros recintos fortificados ya existentes.

La construcción de muchas ciudades egipcias se debía a la ejecución de las construcciones funerarias, por lo que se solían levantar en muy poco tiempo y con materiales perecederos. Un ejemplo lo encontramos gracias a las recientes excavaciones de la ciudad de Tell-el-Amarna, que estuvo ocupada tan sólo durante los cuarenta años del reinado de Ajenatón. Levantada en la orilla oriental del Nilo, se organiza paralela al río, con tres vías principales, que enlazaban las distintas zonas. Pese a la aparente planificación urbanística, parece poco probable que esto se debiera a una proyección deliberada de la ciudad, sino más bien a una distribución lógica de las viviendas que pretendía aprovechar la orilla del río. Mención aparte merecen las excavaciones y estudios que se están realizando en la actualidad en los barrios de obreros de localidades como Giza, Deir el-Medina o la propia Tell-el-Amarna, donde la aparente distribución organizada en retícula tan sólo es consecuencia de la necesidad de proporcionar alojamiento a los constructores de las obras del modo más rápido y práctico posible.

URBANISMO GRIEGO Y ROMANO

En el continente europeo fue donde se produjeron los cambios más importantes en la historia del urbanismo. Dos de las más importantes civilizaciones del mundo antiguo, Grecia y Roma, ejercieron una influencia tal que sus sistemas de organización urbanística influyeron durante siglos en la creación y remodelación de ciudades posteriores.

La civilización griega se vio muy influida por el excelente clima de la región, que propició que la vida cotidiana se orientara al aire libre. Los ciudadanos eran los integrantes de una vida en comunidad que fomentó la aparición de la famosa democracia griega. En las ciudades se diferenciaban dos focos, la acrópolis, como centro religioso, y el ágora o plaza pública, donde, en un principio, se celebraban los mercados y donde los ciudadanos se reunían para tratar los asuntos de la comunidad.

Para los griegos, la vida doméstica quedaba relegada en pro de la vida comunitaria como se puede apreciar en los santuarios, termas, teatros, gimnasios y demás construcciones que se disfrutaban al aire libre.

En Grecia encontramos uno de los primeros ejemplos de crecimiento en retícula en la reconstrucción de la ciudad de Mileto, realizada por el que se considera el padre del urbanismo occidental: Hipodamo de Mileto, que acometió una planificación urbanística, distribuyendo todos los elementos de la nueva ciudad, como comercios, viviendas o templos, siguiendo un esquema general ordenado. En contraposición al esquema de Mileto y otras ciudades, también encontramos el crecimiento orgánico en ciudades de gran importancia, como la propia Atenas. Algo similar sucede en Roma, donde el caótico crecimiento orgánico de la capital contrasta con la planificación urbanística de la inmensa mayoría de las fundaciones romanas en las distintas provincias del imperio. Para imponer su autoridad y controlar la inmensa mayoría de su vasto imperio, los romanos tuvieron que edificar miles de campamentos militares o *castros romanos*, que en su mayoría formaron la base de posteriores ciudades. Estos asentamientos se caracterizaron por unos planos sencillos, basados en un perímetro rectangular, que se subdivide mediante dos vías principales, una que lo cruza de norte a sur, denominada *cardus*, y otra que lo cruzaba de este a oeste y se

El urbanismo europeo actual es heredero directo de las civilizaciones griega y romana. En el caso de Grecia, la arquitectura se orientaba al aire libre, debido a su buena climatología. Por ello se le dio mayor importancia a la vida en comunidad que a la vida doméstica, característica que quedó plasmada en las construcciones, todas de uso comunitario, como fueron las termas, los gimnasios o los santuarios.

Arriba
Restos de la ciudad de Biblos, Libia.

A la derecha
Biblioteca de Celso, Éfeso, Turquía.

Página anterior
Acrópolis de Atenas, Grecia.

conocía como *decumanus*. Numerosas calles secundarias completaban el trazado en retícula formando manzanas de viviendas o *insulae*. El equivalente al ágora griega fue en el mundo romano el foro, que se solía situar en la intersección de las dos vías principales. Los edificios de los servicios públicos, como templos, teatro, baños y demás, se solían situar cerca del foro, mientras que el circo y los anfiteatros se emplazaban más lejos, dada las exigencias topográficas que planteaban.

Urbanismo en las ciudades islámicas

En contraste con este énfasis en la vida pública, las ciudades islámicas seguían los preceptos del Corán, donde se presta especial atención a la vida doméstica y privada de las familias. La importancia que se concede a la vivienda familiar queda reflejada en las introvertidas viviendas de muros blancos sin apenas más vano que la entrada. La escasa actividad pública no hizo necesarios edificios como los teatros, circos, baños y demás edificaciones públicas. El núcleo de la ciudad lo constituía la medina amurallada, donde se localizaba la principal mezquita de la ciudad o mezquita del viernes y el mercado central. La ciudad se desarrollaba, a partir de aquí, mediante unas laberínticas callejuelas sin orden ni sentido aparente, tan estrechas que, a veces, dificultaban el paso, o mediante unos callejones sin salida, todo

35

ello orientado a conseguir ciertos niveles de seguridad y de intimidad.

URBANISMO RENACENTISTA Y BARROCO

Las épocas en la que comenzó a cobrar una importancia creciente el urbanismo fueron las correspondientes al Renacimiento y al Barroco, cuando, debido al gran tamaño adquirido por las ciudades, se hizo necesaria una planificación. Pocas ciudades se urbanizaron partiendo de cero. De entre las escasas fundaciones cabe destacar Palma Nova, en Italia, o San Petersburgo, en Rusia.

Por lo general, en el Renacimiento se tiende a la reconstrucción y extensión de las ciudades ya existentes. De entre los rasgos que las definen, destacan principalmente las anchas avenidas y las calles rectilíneas, así como la trama urbana en retícula como base de los nuevos barrios residenciales agrega-

dos a las áreas urbanas ya existentes. También es destacable la preocupación por la simetría y la integración en un único y coherente conjunto arquitectónico, mediante la repetición de un diseño básico de las fachadas de los edificios individuales.

Ejemplo de este tipo de actuaciones del Renacimiento y el Barroco lo podemos encontrar en muchas grandes capitales europeas, como Roma, París, Madrid o Londres.

URBANISMO EN MESOAMÉRICA

Por último, debemos hacer una rápida mención al urbanismo de las ciudades del continente americano antes del descubrimiento del Nuevo Mundo por Cristóbal Colon. Los conquistadores encontraron en el continente americano tres importantes civilizaciones distintas: los aztecas; en México; los mayas, en Yucatán; y los incas, en Perú. En contra del prejuicio extendido, los conquistadores se sorprendieron al encontrar gran-

ARRIBA
EL REICHSTAG, BERLÍN, ALEMANIA.

ABAJO
REGISTÁN, SAMARCANDA, UZBEKISTÁN.

PÁGINA SIGUIENTE
GENDARMENMARKT, BERLÍN, ALEMANIA.

EN LAS CIUDADES ISLÁMICAS EL URBANISMO ERA DIFERENTE. EL CORÁN DA MAYOR IMPORTANCIA A LA VIDA PRIVADA Y DOMÉSTICA QUE A LA COMUNITARIA. ELLO SE PLASMÓ EN LAS VIVIENDAS, INTROVERTIDAS Y DE MUROS BLANCOS. EN EL NÚCLEO DE LA CIUDAD, LA MEDINA AMURALLADA, SE ENCONTRABA LA MEZQUITA PRINCIPAL. Y LAS CALLEJUELAS ERAN ESTRECHAS Y LABERÍNTICAS, SIN SENTIDO NI ORDEN, AL CONTRARIO QUE EL URBANISMO DE LA GRECIA CLÁSICA O DE LA ROMA IMPERIAL

des ciudades aztecas, como Tenochtitlán, que durante el reinado de Moctezuma (1440-1668) contaba ya con una estructura cruciforme y con una división reticular de grandes vías que enlazaban las distintas islas con tierra firme. Magníficos centros religiosos y obras de ingeniería como acueductos y diques completaban la desarrollada y pujante ciudad.

Sin embargo, los conquistadores hallaron las civilizaciones maya e inca en plena decadencia, retiradas ambas a asentamientos en las selvas tropicales y zonas montañosas de Yucatán y en la costa sudamericana del Pacífico. Tan sólo las grandes edificaciones religiosas en piedra denotan los conocimientos matemáticos y en astronomía que alcanzaron estas civilizaciones.

EL URBANISMO EN LA ACTUALIDAD

En la actualidad el urbanismo juega un papel si cabe más importante. El crecimiento demográfico, las necesidades de comunicaciones de las modernas sociedades y de servicios públicos de la ciudadanía democrática hace cada vez más necesaria la ampliación de los centros urbanos. Entre los proyecto más importantes en este aspecto podemos mencionar el de reestructuración de la bahía de Tokio, obra de Kenzo Tange, proyectada en 1960, como consecuencia de la superpoblación que estaba sufriendo la región. La actuación consistió en la realización de un eje urbano, en forma de red arterial, con numerosas ramificaciones, que se adentraría unos diez kilómetros en la antigua ciudad y después atravesaría la bahía gracias a un puente que enlazaría con la otra orilla. Kenzo concibió su proyecto como un desafío a la sociedad industrial moderna, tratando de planificar una ordenación general de la vida y el medio ambiente.

ÁFRICA

ARQUITECTURA EN
África

C on casi un centenar de lugares declarados Patrimonio de la Humanidad por la UNESCO, África se presenta como un crisol de culturas, tradiciones y formas artísticas perfectamente diferenciadas entre sí.

Esta variedad de edificaciones, estructuras urbanísticas y formas de construir se adapta a las distintas tradiciones, doctrinas religiosas, climas y materiales de cada región. La barrera natural del desierto más grande del mundo influyó en la distinta evolución de las culturas al norte y al sur del Sahara.

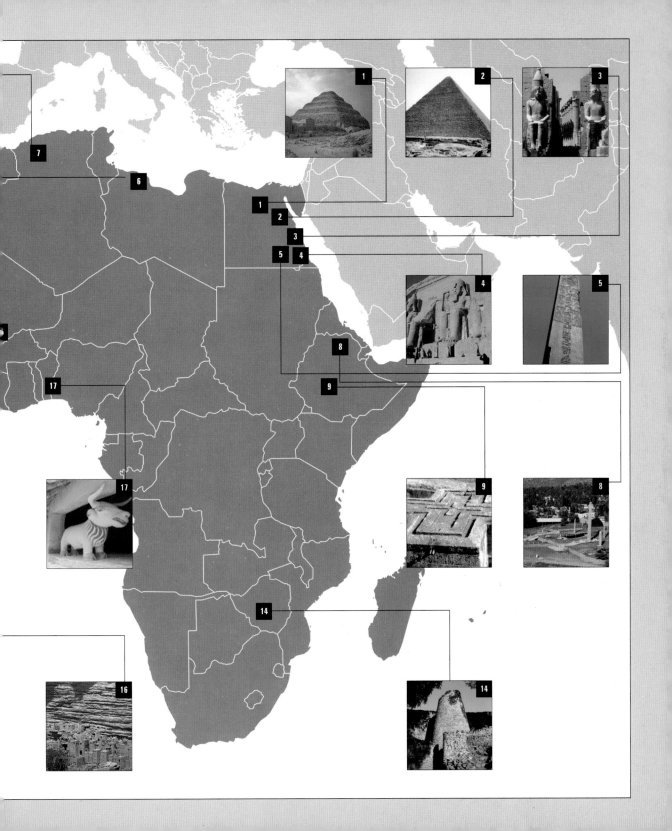

El TEMPLO ERA PARA LOS EGIPCIOS EL LUGAR SAGRADO DONDE HABITABA LA DIVINIDAD.

Pirámides

La pirámide cautivó durante siglos a muchos pueblos, especialmente por su curiosa configuración. Su forma definitiva fue el resultado de rellenar los huecos que había entre los escalones.

Pirámide de Zoser
Pirámides de Giza
Templo Luxor
Abu Simbel
Obelisco de Hatshepsut

DURANTE EL IM-PERIO ANTIGUO (2850-2230 a. C.) la sepultura privada común en Egipto era la *mastaba*, construcción rectangular con forma de pirámide truncada compacta que se realizaba con piedra y adobe. Unas aberturas en los lados largos daban acceso a un pasadizo subterráneo, que conducía a la cámara funeraria.

La superposición de mastabas, cada vez más reducidas, dio lugar a una pirámide escalonada: la del faraón Zoser, en Saqqara, la más antigua que se conserva hoy

en día. Construida en el 2650 a. C. por Imhotep, el primer arquitecto conocido, fue la primera construcción que empleó piedra labrada por todos sus lados. Se elevaba con la superposición de seis mastabas de tamaño decreciente hasta alcanzar los sesenta y siete metros de altura. Revolucionó la construcción de tumbas y anunció la era de las pirámides.

La pirámide real, sepultura del faraón, adquirió sin duda un valor simbólico muy superior al de la mastaba. La forma definitiva de la pirámide se consiguió rellenando los intersticios entre los escalones. A diferencia de la mastaba, en la pirámide las cámaras sepulcrales se hallaban

Arquitectura de los
Faraones

ÉPOCA

2850-525 a. C.

LOCALIZACIÓN GEOGRÁFICA

Egipto.

CONSTRUCCIONES MÁS EMBLEMÁTICAS

Pirámide de Zoser, Pirámides de Giza,
Templo Abu Simbel, Templo de Luxor y
Obelisco Hatshepsut en Karnak.

EGIPTO, AISLADO ENTRE LAS ARENAS del desierto, gozó durante mucho tiempo de cierta paz, que quedó reflejada en una arquitectura más ornamental que funcional. No necesitaron ciudades fortificadas que los protegieran. De hecho, lo más parecido que encontramos en Egipto a una ciudad fueron las necrópolis, distribuidas en forma de cuadrícula. La capital más antigua de Egipto fue Menfis, situada en la orilla occidental del Nilo y justo en la confluencia entre el Bajo y el Medio Egipto. Será en esta región donde encontremos los vestigios más antiguos de la arquitectura egipcia. Hablar de arquitectura egipcia es sin duda hablar de pirámides, su construcción más emblemática.

EL ORIGEN DE LAS PIRÁMIDES ESTÁ EN LAS MASTABAS, QUE SE FUERON PONIENDO UNAS ENCIMA DE OTRAS HASTA FORMAR UNA PIRÁMIDE COMO TAL.

dentro de la propia pirámide y se accedía a ellas a través de complejos y estrechos pasadizos. Fue aquí, en las cámaras funerarias, donde los arquitectos pudieron dar rienda suelta a su imaginación y realizar las primeras salas abovedadas. Dispuestos como falsos arcos de descarga, los techos planos o en forma de V invertida absorbían el inmenso peso que soportaba la cámara funeraria, normalmente situada en el centro de la pirámide.

Un ejemplo inmejorable lo encontramos en la única de las Siete Maravillas de la Antigüedad que ha llegado a nuestros días: las pirámides de Giza, pertenecientes a la IV Dinastía (2575-2465 a. C.). La más imponente es la pirámide de Keops, nombre griego del faraón Jufui: la estructura más grande creada por el hombre. Aunque hoy en día alcanza los ciento treinta y siete metros de altura, originariamente alcanzó nueve metros más, ya que su revestimiento exterior se reutilizó en épocas posteriores para otras construcciones del Cairo y Giza. En el interior se encuentra la cámara funeraria de Keops, revestida de granito, que aún conserva el sarcófago que contuvo la momia del faraón.

Kefrén, nombre griego del faraón Jafra (2520-2494 a. C.), construyó su tumba al lado de la de su padre. Una irregularidad del terreno la hace parecer más alta que la de aquél, pero originariamente era tres metros más pequeña. Por último, Mikerinos, nombre griego de Menkaure (2494-2472 a. C.), hijo de Kefrén y nieto de Keops, levantó su tumba alineada con las otras dos, pero alcanzando tan sólo los cincuenta y cuatro metros.

Tebas se convirtió en la capital del reino durante el Imperio Nuevo (1552-1069 a. C.), alcanzando su apogeo en torno a los siglos XVI-XIII a. C., cuando la riqueza del imperio financió una incomparable actividad arquitectónica, que propició el desarrollo de otra tipología arquitectónica en Egipto: el templo.

« UNA VARIEDAD DE TEMPLO FUERON LOS HIPOGEOS, TEMPLOS EXCAVADOS EN LA ROCA, QUE PROLIFERARON DURANTE EL IMPERIO NUEVO. UN CLARO EJEMPLO LO ENCONTRAMOS EN EL TEMPLO DE RAMSÉS II EN ABU SIMBEL, EXCAVADO EN LA ROCA A UNA PROFUNDIDAD DE CINCUENTA Y CINCO METROS »

El templo egipcio no era solamente un lugar de culto, sino que también era una imagen del universo.

Cada una de sus partes estaba cargada de significación y subordinada a una idea de carácter simbólico, repleta de conceptos cosmológicos.

Esquemáticamente están constituidos por una avenida de esfinges, que culmina en dos obeliscos, los cuales enmarcan el acceso al templo propiamente dicho. En el interior suele haber un patio hipetro, es decir sin cubierta y con columnas, donde se realiza el culto al dios Sol, Ra, padre del faraón. A continuación se encuentra la sala hipóstila, es decir, con columnas, que da paso al santuario, en cuyo fondo se sitúa una pequeña cámara muy reservada. El templo se completaba con edículos, templetes y otras dependencias. Entre los ejemplos más impresionantes, se encuentran los templos dedicados a Amón en Karnak y Luxor.

Como se mencionaba anteriormente, los hipogeos fueron unos templos importantes en aquella época. Estaban excavados a una gran profundidad en una roca de montaña arenisca. La fachada aparece dominada por cuatro colosales estatuas sentadas del rey, de veinte metros de altura, que saludan al sol cada mañana. Además de los templos y las pirámides, el obelisco fue otro monumento típico de la arquitectura egipcia. Se trata de un monolito cuadrangular y de gran altura que va estrechándose y se remata por una pirámide. Simboliza el rayo de sol y se solía colocar a la entrada de los templos. En la actualidad quedan pocos en sus emplazamientos originales, ya que la fascinación que causaron en épocas posteriores hizo que al menos una treintena de ellos se trasladaran a Europa.

A LA IZQUIERDA
Vista del impresionante
templo de Luxor.

PIRÁMIDE DE Zoser

Las pirámides del antiguo Egipto de los faraones supusieron un prodigio de ingeniería para la época. Se construyeron con herramientas sencillas y el trabajo de millares de obreros y esclavos, organizados con rigor y mano férrea. La pirámide de Zoser, en Saqqara, fue la primera construida en el país del Nilo. Fue diseñada hacia el año 2500 a. C. por Imhotep, médico personas del faraón Zoser, arquitecto y sabio multidisciplinar, con una configuración escalonada y construida enteramente en piedra, que desde la cantera era llevada por los porteadores en barco y por rampas sobre troncos cilíndricos. La pirámide era el edificio principal de un gran complejo funerario destinado a alojar los restos mortales del faraón.

RECINTO FORTIFICADO

El complejo funerario del rey Zoser (III dinastía) se encuentra en Saqqara, una de las principales necrópolis de la antigua Menfis, capital de Egipto durante el denominado reino antiguo. Se trata de un recinto fortificado con una inmensa pared de piedra caliza que circunda un área de quince hectáreas, aproximadamente. En su interior se construyeron una serie de edificios de carácter religioso: templos, capillas, altares y una serie de depósitos destinados a guardar los objetos de culto.

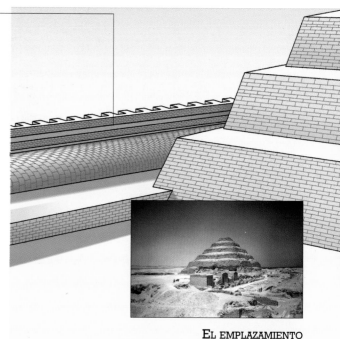

LA PIRÁMIDE ESCALONADA

La pirámide es la construcción principal del complejo funerario. Está configurada como un macizo de seis escalones, de alturas desiguales, que alcanza sesenta metros de altura.

EL EMPLAZAMIENTO

Está situada a cuarenta kilómetros de la capital egipcia, El Cairo, y, en días claros, la pirámide puede verse desde Giza, diecisiete kilómetros al norte, y desde Dashur, diez kilómetros al sur. El lugar elegido por el faraón Zoser había sido ya utilizado por algunos reyes de la II dinastía.

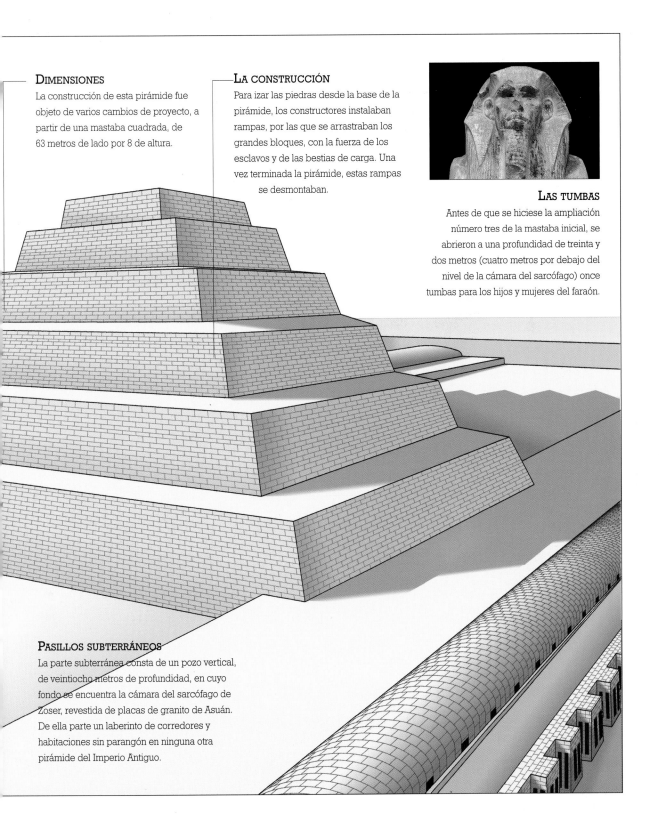

DIMENSIONES

La construcción de esta pirámide fue objeto de varios cambios de proyecto, a partir de una mastaba cuadrada, de 63 metros de lado por 8 de altura.

LA CONSTRUCCIÓN

Para izar las piedras desde la base de la pirámide, los constructores instalaban rampas, por las que se arrastraban los grandes bloques, con la fuerza de los esclavos y de las bestias de carga. Una vez terminada la pirámide, estas rampas se desmontaban.

LAS TUMBAS

Antes de que se hiciese la ampliación número tres de la mastaba inicial, se abrieron a una profundidad de treinta y dos metros (cuatro metros por debajo del nivel de la cámara del sarcófago) once tumbas para los hijos y mujeres del faraón.

PASILLOS SUBTERRÁNEOS

La parte subterránea consta de un pozo vertical, de veintiocho metros de profundidad, en cuyo fondo se encuentra la cámara del sarcófago de Zoser, revestida de placas de granito de Asuán. De ella parte un laberinto de corredores y habitaciones sin parangón en ninguna otra pirámide del Imperio Antiguo.

Arquitectura romana en
África

ÉPOCA
Siglos III a. C. - III d. C.
LOCALIZACIÓN GEOGRÁFICA
Libia, Argelia.
CONSTRUCCIONES MÁS EMBLEMÁTICAS
Restos de Timgad y Leptis Magna.

EL PRIMITIVO ASENTAMIENTO ROMANO en África fue una necesidad provocada por las Guerras Púnicas (264-146 a. C.) entre romanos y cartagineses. Posteriormente, durante el dominio de Roma, la costa norteafricana experimentó una gran expansión urbanística, estableciéndose colonias de soldados veteranos y civiles. La importancia del comercio con Roma se refleja en que en el siglo I d. C. África proveía más del 60 % de la demanda de grano del imperio. Las colonias de África proporcionaron también una línea de emperadores africanos, el más notable de los cuales fue Septimio Severo, natural de Leptis Magna. Fueron estos ciudadanos ricos quienes donaron los monumentales edificios públicos que adornaron las ciudades romanas de la región.

A LA IZQUIERDA
Restos de la ciudad de Timgad.
ARRIBA A LA DERECHA
Restos del templo de Ceres Augusta en Leptis Magna.
ABAJO A LA DERECHA
Restos del trazado urbano de la ciudad de Timgad.

DEBIDO A LA COLONIZACIÓN, EN ÁFRICA TAMBIÉN SE ENCUENTRAN CONSTRUCCIONES TÍPICAS ROMANAS.

QUIZÁS LA MÁS CÉLEBRE DE LAS CIUDADES romanas fuera Timgad, fundada en el año 100 d. C. por Trajano como baluarte defensivo contra los bereberes, por lo que sus primeros habitantes fueron veteranos del ejército. Considerada la «Pompeya africana», su excepcional estado de conservación ha proporcionado un amplio conocimiento del funcionamiento de una ciudad romana.

Siguiendo el modelo romano, la ciudad se estructuró en torno a la vía norte-sur o *cardus* y la vía este-oeste o *decumanus*. El re-

sultado eran cuatro zonas, que a su vez se dividían en manzanas o *insulae* cuadradas, donde se levantaban las viviendas. El foro, situado en el centro de la ciudad, interrumpe la vía hacia el sur. Con unas dimensiones de 50 x 43 metros, se convierte en uno de los más grandes de las colonias romanas en África. Rodeado por un pórtico corintio, se alzaban allí los edificios más importantes de la ciudad, como la basílica, un templo consagrado a la diosa Fortuna y la curia o cámara del consejo.

Al sur de la ciudad se encontraba el teatro (161-169 d. C.), de sesenta y tres metros de diámetro y con una cávea o gradería, conservado perfectamente.

A pocos metros de este teatro se encuentra una de las pocas bibliotecas romanas que han llegado hasta nuestros días.

Pero la ciudad romana más importante fue Leptis Magna, que alcanzó la cifra de ochenta mil habitantes. Ocupada por Roma tras la caída de Cartago, se asentó sobre los restos de una ciudad púnica, levantándose un primer foro (siglo I d. C.) o «foro viejo» de forma irregular, donde se conservan los edificios más antiguos de la ciudad. Al sur encontramos uno de los teatros más antiguos del mundo romano, datado en el año 2 a. C. Presenta un perímetro de noventa metros y un templo dedicado a Ceres

EL TEMPLO DE CERES AUGUSTA PERMANECE EN LA ACTUALIDAD COMO UNO DE LOS EDIFICIOS MÁS CLÁSICOS DE LA URBE ROMANA DE LEPTIS MAGNA.

Augusta en mitad de la cavea superior. Hacia el año 126-127 el emperador Adriano mandó construir las mayores termas edificadas fuera de Roma. En este edificio se empleó por primera vez el mármol importado, que a partir de entonces comenzó a utilizarse en el resto de las construcciones de la ciudad.

El periodo de mayor esplendor de la ciudad fue durante la época del emperador Septimio Severo (146-211 d. C.), que no escatimó esfuerzos en embellecer su ciudad natal. Comenzó la construcción del foro y la basílica, desplazando el centro neurálgico de la ciudad a este «foro nuevo».

En el extremo sur del foro se encontraba el gran templo de los Severos, rodeado de columnas por tres de sus lados; el cuarto lo completaba una majestuosa escalinata de acceso. Por último, hay que destacar el arco de triunfo que se conserva en la unión del *cardus* y el *decumanus* que fue levantado con motivo de la visita de Septimio Severo a su ciudad natal el año 203. Está realizado en piedra caliza y recubierto de mármol con decoración en relieve.

Tras su esplendor romano, la ciudad entró en decadencia tras las conquistas de los pueblos vándalos, bizantinos y, finalmente, árabes, quienes la abandonaron. Fue reconstruida en 1921.

Timgad

La civilización romana se asentó en el norte del continente africano, donde dejó una serie de restos y reliquias que nos permite profundizar en la investigación de aquella sociedad.

03

Iglesias de Lalibela

La iglesia de San Jorge o de Giyorgis es una de las antigüedades etíopes más importantes, tanto por la belleza de su arquitectura como por la historia que conserva entre sus paredes.

Estelas de Aksum

Iglesia de Lalibela

DURANTE EL REINADO DE EZANAS, en el siglo V, se adoptó el cristianismo como religión oficial de su imperio, convirtiéndose así en el primer reino cristiano de África. Nada queda de este periodo en la ciudad, tan sólo nos han llegado unas estelas monolíticas del siglo IV, cuya finalidad es todavía un misterio.

Alcanzando algunas de ellas los veintitrés metros de altura, estaban talladas imitando las construcciones de albañilería de Aksum, representando ventanas, troncos y las típicas vigas redondas.

Estudios realizados en el terreno indican que estas estelas marcaban probablemente enterramientos reales, algunos de los cuales se han encontrado a considerable profundidad.

Las dificultades comerciales del siglo VIII, como consecuencia de la expansión del islam por el noreste de África, afectaron al Imperio de Aksum. Esta situación cambió con la llegada al poder de Lalibela (1182-1220), quien pretendió

Arquitectura
Etíope

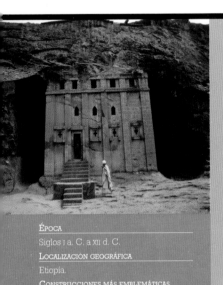

LOS ORÍGENES DEL REINO DE Aksum se remontan al siglo I a. C., cuando los antiguos pueblos del sur de Arabia se asentaron en las montañas de la actual Etiopía. Los antiguos moradores del valle, indígenas de habla cuchita, se adaptaron a la nueva cultura y ambos consolidaron una potencia comercial en los primeros siglos de nuestra era. El próspero comercio de marfil y pieles con la poderosa Roma les proporcionó un espectacular desarrollo que quedó claramente reflejado en su capital, Aksum, de la que el emperador Lalibela (1182-1220) pretendió hacer una nueva Jerusalén para el cristianismo copto.

A LA IZQUIERDA
Entrada a una iglesia de Lalibela.
PÁGINA ANTERIOR ARRIBA
Iglesia de Lalibela, importante centro de peregrinación de Etiopía.
PÁGINA ANTERIOR ABAJO
Vista aérea de la iglesia de San Jorge.

ÉPOCA
Siglos I a. C. a XII d. C.
LOCALIZACIÓN GEOGRÁFICA
Etiopía.
CONSTRUCCIONES MÁS EMBLEMÁTICAS
Estelas de Aksum e Iglesias de Lalibela.

LAS CONSTRUCCIONES MONOLÍTICAS SE EXTENDIERON POR ETIOPÍA A PARTIR DE LOS MODELOS ORIGINALES HALLADOS EN AKSUM.

hacer de la capital del imperio en aquel momento, Roha, una nueva Jerusalén para el cristianismo copto.

Lalibela erigió once iglesias, perfectamente excavadas en la roca volcánica de Roha. Se calcula que cerca de cuarenta mil personas tuvieron que trabajar para realizar este descomunal proyecto.

La más grande de todas ellas es la Medhane Alem (Salvador del mundo), que está compuesta por una única nave con bóveda de cañón con cuatro pasillos separados por pilares. Se puede acceder al recinto por tres de sus cuatro la-

dos. Numerosas ventanas adinteladas permiten la iluminación interior.

Otra de las más destacadas es la iglesia de Mariam, que presenta tres curiosos pórticos exteriores que se separan de la estructura principal del edificio. En el interior sigue la disposición de una sola nave, con dos pasillos y tres capillas.

Mención especial merece la decoración interior de esta iglesia, que discurre tanto por las paredes, caracterizadas por su recubrimiento con pinturas al fresco de temática religiosa, como por los ca-

piteles y pilares, en los que encontramos motivos más paganos, como animales fantásticos tallados en relieve.

Pero, sin duda, la más bella es la iglesia de Giyorgis o de San Jorge, de planta de cruz griega y tallada completamente en una fosa de doce metros de profundidad.

La elegancia de sus formas debió de complacer enormemente al rey, quien, según cuentan, al concluir la edificación de esta iglesia renunció al poder y se entregó a la vida contemplativa y de adoración a la divinidad.

Arquitectura de
Marrakech

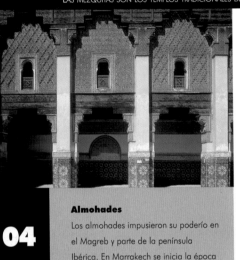

Almohades

Los almohades impusieron su poderío en el Magreb y parte de la península Ibérica. En Marrakech se inicia la época de mayor desarrollo urbanístico, alcanzando los cien mil habitantes.

04

Tras el regreso en 1040 de la peregrinación a la Meca del jefe de los Gudada, Yahia ben Ibrahim, decide entrevistarse con el letrado y teólogo Abdalah ben Yasin para promover una predicación islamista más rigurosa. Sus primeros esfuerzos fueron infructuosos y se vieron obligados a refugiarse en una isla de Senegal, donde fundaron la comunidad que dio origen a la tribu almorávide.

En 1042 se lanzan a la conquista y conversión de sus hermanos de raza, dominando todo el Sahara y llegando hasta los países negros. Hacia el norte conquistan todo Marruecos, fundan la ciudad de Marrakech en 1062 y conquistan Fez. Saltan a la península Ibérica, ante la petición de socorro de los reyes de taifas de Badajoz, Granada y Sevilla. Las tropas de Yusuf ibn Tasufin vencen a las castellanas y leonesas de Alfonso VI en la batalla de Zalaca (o Sagrajas) en 1086, alcanzando la mayor expansión almorávide.

Durante el mandato de Alí ibn Yusuf la ciudad se embelleció con construcciones como la mezquita de Alí (1126), que poco conserva de su aspecto original. De entre los pocos edificios que se conservan de esta época destaca el templete de Qubbat al-Budiyyin, de planta rectangular, con el estanque para las abluciones. Construido en piedra y ladrillo, la rigidez geométrica del exterior contrasta con la abundante decoración de yesería policromada del interior. Pero los almorávides desatendieron sus posesiones del Sahara, y el imperio comenzó a desintegrarse. En 1147 conquistaron Marrakech. Surge entonces el movimiento almohade, que impone su poderío en el Magreb y parte de la península Ibérica. En Marrakech se produce la

época de mayor desarrollo urbanístico, alcanzando los cien mil habitantes. Se reestructuró la ciudad en torno a un nuevo centro neurálgico: la Qasba, de 1185. En torno a ella, la ciudad se embelleció con las más hermosas mezquitas, madrazas y palacios.

El monumento más representativo de la ciudad es la mezquita de Koutoubia. Mandada construir por Yusuf ben Tasufin entre 1147 y 1196, presenta una planta en forma de T, característica de esta época. En su decoración interior se introdujeron muchas novedades, como las cúpulas de mocárabes y los capiteles de yeso esculpido que tanto se emplearán posteriormente en al-Ándalus. Su célebre minarete, de setenta y siete metros de altura y símbolo de la ciudad, es considerado la torre gemela de la Giralda de Sevilla.

En el año 1279 la nueva dinastía de los benimerines trasladó la capitalidad a Fez, en detrimento de Marrakech, que entró en decadencia, aunque ello no impidió que se siguieran edificando obras de arte, como la madraza de Ibn Yusuf, en 1565, donde se combinaron los mosaicos, estucos, mocárabes, mármoles y maderas nobles. Se instaló aquí la principal universidad coránica del Magreb.

ÉPOCA
Siglos XI-XVI d. C.

LOCALIZACIÓN GEOGRÁFICA
Marruecos.

CONSTRUCCIONES MÁS EMBLEMÁTICAS
Mezquita de Alí, templo de Qubbat al-Budiyyin, mezquita de Koutoubia y madraza de Ibn Yusuf.

LAS DINASTÍAS AFRICANAS DE los siglos XI y XIII (almorávide y almohade) introdujeron una arquitectura y arte musulmanes basados en el sillarejo o mampostería entre hiladas de ladrillo, arcos polilobulados o de herradura apuntada, bóvedas de mocárabes, artesonados de lazo y armaduras de par y nudillo. Estas dinastías extendieron su control sobre todo el Magreb, ampliándolo después a la península Ibérica. Capital cultural y artística, Marrakech ejerció una influencia considerable sobre la arquitectura de las ciudades de al-Ándalus y saharianas, a las que se exportaron los estilos y elementos arquitectónicos más característicos.

ARRIBA
La mezquita de Koutoubia tiene una hermosa decoración mozárabe.
A LA DERECHA
Minarete de la mezquita de Koutoubia.
PÁGINA ANTERIOR
Detalle de las ventanas y arcos de la madraza de Ibn Yusuf.

Arquitectura de
Gran Zimbabue

ÉPOCA
Siglos XII-XV.
LOCALIZACIÓN GEOGRÁFICA
Zimbabue.
CONSTRUCCIONES MÁS EMBLEMÁTICAS
Recinto de Gran Zimbabue.

05

ERIVADA DE LA PALABRA «dzimba dza mabwe», que significa «casas de piedra», Gran Zimbabue era la capital de un imperio que abarcaba más de 7.000 km². Desde el año 1100 hasta el 1450 la ciudad vivió su época de mayor esplendor, gracias sobre todo al comercio de oro, cobre y marfil, que tanto abundaban en estas tierras. Allí se asentó la corte de los reyes Shona, gobernantes de la tribu más populosa del moderno Zimbabue. La destreza de esta etnia como mineros y constructores propició el establecimiento de una sociedad estratificada y un auge económico que se manifestó en la sustitución de las antiguas construcciones de barro por otras de piedra.

A LA IZQUIERDA
Las casas de Gran Zimbabue fueron construidas con bloques de piedra.
ARRIBA A LA DERECHA
Vista general de los restos de Gran Zimbabue.
ABAJO A LA DERECHA
Detalle de los muros exteriores de Gran Zimbabue.

EL VERTIGINOSO FLORECIMIENTO DE SU SOCIEDAD Y DE SU ECONOMÍA EN LA PRIMERA MITAD DEL SIGLO XII CONVIRTIÓ A GRAN ZIMBABUE EN CAPITAL IMPERIAL.

Recinto de Gran Zimbabue

EL CONJUNTO CUBRE UN ÁREA DE CUARENTA hectáreas y comprende el complejo arquitectónico de la Colina, el gran recinto Elíptico y el recinto del Valle.

Quizás la parte más antigua sea el recinto de la Colina, que se compone de varios recintos conectados por un laberinto de pasillos cuyos muros están construidos con bloques de granito unidos sin ningún tipo de argamasa. Originalmente, numerosos torreones y monolitos completaban este espacio.

Pero la parte más interesante la encontramos en la zona del valle, donde el inmenso recinto conocido como Edificio Elíptico (siglo XIII) se encuentra rodeado de muros de nueve metros de alto y más de cuatro de grosor. La parte más elevada del conjunto es una misteriosa torre cónica, que reproduce en piedra la forma de un granero.

El muro exterior, coronado por un friso de cabrios, está formado por casi un millón de sillares de piedra colocados sin ningún tipo de argamasa. Los arquitectos o, mejor dicho, los expertos albañiles de Gran Zimbabue hallaron unas soluciones de gran elegancia a los

problemas de diseño, destacables sobre todo en la parte de la escalinata de acceso, donde el muro se ensancha para permitir al visitante apoyar el pie con mayor facilidad. Emplearon para sus construcciones un tipo de granito local que puede partirse con facilidad en pequeños bloques cúbicos.

Los arqueólogos han llegado a la conclusión de que este edificio no servía como fortificación, sino como residencia y símbolo del poder de la elite gobernante. En cuanto al recinto del valle, estaba ocupado por viviendas de principios del siglo XV. Con capacidad para unas cincuenta familias, seguramente estaban

54

EN SU ÉPOCA DE MAYOR ESPLENDOR SE ELEVÓ EL EDIFICIO ELÍPTICO, UN ALTÍSIMO Y SÓLIDO MONUMENTO LEVANTADO EN PIEDRA CON FORMA DE FORTALEZA.

ocupadas por miembros de la clase alta, ya que el resto de población vivía en agrupaciones de chozas circulares realizadas en arcilla, a las afueras de estos lugares.

Durante los siglos XVIII y XIX, el yacimiento fue víctima del reino de Ofir, mencionado en la Biblia. La leyenda de que estas ruinas eran las míticas minas del rey Salomón persistió entre los europeos durante tres siglos. La avaricia, el desconocimiento de la materia y los intereses políticos llevaron al expolio de Gran Zimbabue y a la reiterada negación de su origen indígena hasta bien entrado el siglo XX.

Obra de ingeniería

La arquitectura africana logró grandes avances en ingeniería. Los principales edificios de Gran Zimbabue se levantaron a base de un inmenso esfuerzo constructivo.

55

06

EN LA PRIMERA MITAD DEL SIGLO XIII, EL IMPERIO MANDINGA EXPERIMENTÓ UN FUERTE IMPULSO, QUE PROPICIÓ SU IMPARABLE DESARROLLO.

Kanku Mussa

Tras un viaje a La Meca, Kanku Mussa conoció al andalusí Abu Isaac, quien se convertiría en su arquitecto personal.

- Gran Mezquita
- Viviendas dogón de Bandiagara

Palacio de Abomey

ABOMEY FUE CAPITAL DEL REINO DAHOMEY hasta que cayó en manos de los franceses en el año 1893. Durante los siglos XVII y XVIII adquirió gran importancia por ser la ciudad sede de la residencia real. Cada soberano construía su propia residencia al sur de la del anterior gobernante, por lo que se llegaron a juntar más de una treintena de palacios adosados unos a otros, aunque en la actualidad tan sólo se conservan dos de ellos.

Cada uno de estos edificios contaba con todas las dependencias necesarias para la vida de palacio: salas de audiencias, habitaciones privadas, cuadras, harén, prisión y plaza de actos públicos, en las que se realizaban juicios y ejecuciones. Para su construcción se emplearon materiales como la arcilla, cañas para las cubiertas y piedra para los muros. La madera se empleaba para las puertas y ventanas, que se recubrían con finas capas de latón perfectamente trabajadas.

Más al norte, el imperio Mandinga o reino de Malí se convirtió en una de las

ARQUITECTURA MANDINGA
y dogón

ÉPOCA
Siglos XIV-XVIII.

LOCALIZACIÓN GEOGRÁFICA
Malí, Benín.

CONSTRUCCIONES MÁS EMBLEMÁTICAS
Gran Mezquita de Tombuctú, poblados dogón en Bandiagara, palacios de Abomey.

POCO SE CONOCE de la historia de la región de Benín. Sabemos que hacia los siglos XII y XIII se fundó la ciudad de Allada, que con el tiempo se convirtió en la capital de un estado conocido como Gran Ardra, que alcanzó su apogeo en torno a los siglos XVI y XVII. Las disputas por la sucesión en el trono supusieron el desmembramiento del reino, en el año 1625, entre tres hermanos. Uno de ellos, Mai-Aklin se asentó en la meseta de Abomey y fundó la ciudad-estado de su mismo nombre. Allí, la población autóctona se mezcló con los nuevos moradores, dando lugar a un grupo étnico conocido hoy en día como dahomey.

A LA IZQUIERDA
Detalle de la decoración de la arquitectura mandinga y dogón.

PÁGINA ANTERIOR ARRIBA
En la fachada de este edificio podemos apreciar los diferentes estilos de la arquitectura mandinga.

PÁGINA ANTERIOR ABAJO
Impresionante vista del poblado dogón en Bandiagara.

LA GRAN MEZQUITA DE TOMBUCTÚ POSEE LA PECULIARIDAD DE PERMITIR LA ENTRADA A CUALQUIER VISITANTE, INDEPENDIENTEMENTE DE SU CREENCIA RELIGIOSA.

potencias hegemónicas de la zona. Abarcaba los territorios de los actuales Malí, Senegal y Nigeria. Su periodo de esplendor comenzó cuando Keita Sundiata, único superviviente de la matanza de su familia por parte de un reino rival, accedió al poder en 1230 e inició una rápida expansión de su reino.

Uno de sus sucesores, Kanku Mussa (1307-1332) fue el que más hizo por embellecer la ciudad. Fue en un viaje a la Meca donde conoció al arquitecto andalusí Abu Isaac, quien se convertiría en el arquitecto personal de Mussa. Se puede decir que este arquitecto inició en estas tierras el estilo sudanés, consistente en el empleo de pirámides truncadas con decoración de pilares incrustados de forma cónica, que de una manera rítmica se prolongan en el exterior y en el interior del edificio.

Siguiendo este estilo, levantó la Gran Mezquita de Tombuctú. Realizada en adobe y mampostería enlucida con arcilla, esta mezquita presenta un minarete de casi quince metros y una torre cónica con los característicos postes decorativos. Aunque dentro de los límites del actual Malí, otra cultura floreció independiente de la mandinga, la dogón.

Su presencia en la región está documentada desde el siglo XV, cuando se asentaron en poblados al abrigo de acantilados de difícil acceso para protegerse de las incursiones militares.

Las viviendas dogón se adaptaron perfectamente al terreno. Estructuradas en torno a un corral, solían tener gruesos muros; los pisos adquirían forma de torre fortificada, que es lo que más caracterizaba a estos poblados.

AMÉRICA

ARQUITECTURA EN
América

El continente más largo de la Tierra, que abarca desde las frías tierras del polo Norte hasta el umbral de la Antártida, presenta una diversidad arquitectónica de incomparable valor. A lo largo de su territorio podemos encontrar estilos artísticos de casi todas las épocas. Desde las primitivas construcciones de las culturas maya e inca, las aportaciones de los colonizadores europeos así como las más impresionantes construcciones de la trepidante Nueva York, conocida como la ciudad de los rascacielos.

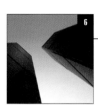

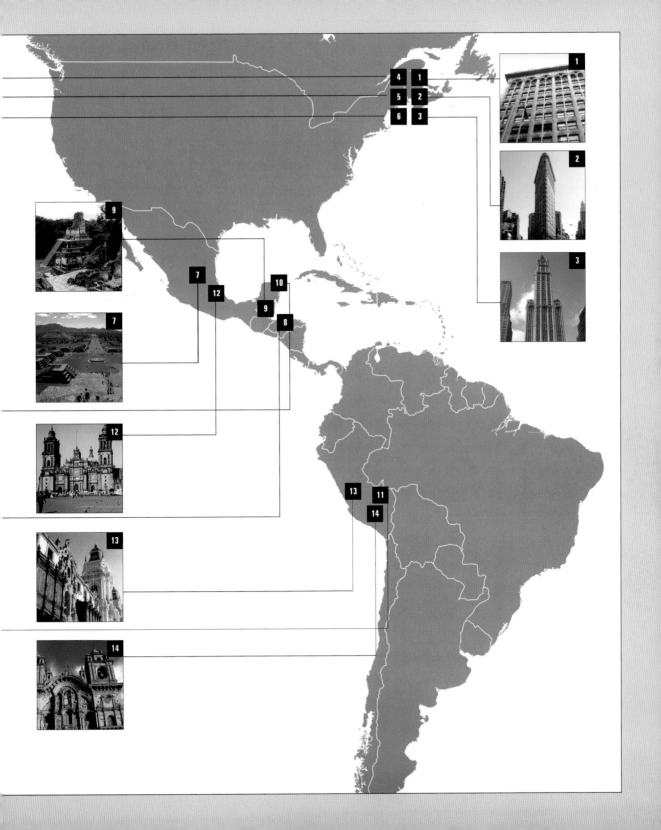

TEOTIHUACAN FUE DESDE MUY ANTIGUO UN LUGAR SANTO, UN LUGAR DE ENTERRAMIENTO PARA LAS CASTAS PRIVILEGIADAS.

Templo de Quetzalcoalt

La disposición original de este templo no se descubrió hasta 1920, cuando se retiraron los lisos muros que lo cubrían.

Teotihuacan

TEOTIHUACAN FUE DESDE MUY ANTIGUO un lugar santo, un lugar de enterramiento para los más privilegiados, si bien no contaban con mausoleos presuntuosos. Más bien eran montículos de tierra, sin apenas ajuar funerario. Muchas veces se han relacionado estas construcciones con los montículos de tierra apisonada que levantaban los indios del centro de Estados Unidos para formar *mounds* o terraplenes en forma de baluarte en el centro de la llanura. Los teotihuacanos comerciaron productos manufacturados, como cerámica y piezas de pedernal, muy abundantes en la zona. Gracias a su prosperidad económica, pudieron engrandecer la ciudad con los más bellos edificios que se pueden encontrar en México. La sobriedad primitiva dejó paso a una arquitectura monumental, aunque manteniendo en sus formas una simplicidad geométrica.

La ciudad se encuentra dominada por un eje que va de norte a sur y que se conoce como la Calzada de los Muertos. Con casi mil setencientos metros de longitud y cuarenta de anchura, esta avenida une la ciudadela, emplazada al norte, con la pirámide del Sol, en el centro, y la pirámide de la Luna, en el extremo sur.

ARQUITECTURA DE
Teotihuacan

ÉPOCA
Siglos II-X.
LOCALIZACIÓN GEOGRÁFICA
México.
CONSTRUCCIONES MÁS EMBLEMÁTICAS
Pirámide del Sol, pirámide de la Luna, templo de Quetzalcoalt y ciudadela (Teotihuacan).

E L CONJUNTO DE RUINAS DE TEOTIHUACAN se encuentra a cuarenta kilómetros de México. Todavía en la actualidad hay un mar de dudas sobre quiénes fueron sus primeros moradores y quién construyó sus notables edificios. Para algunos fueron los primitivos olmecas, mientras hay quien asegura que son obra de los antiguos pobladores del valle, a los que denominan teotihuacanos. Si a esto añadimos que se han encontrado restos de objetos mayas, la confusión aumenta. En cuanto a la cronología, todos están de acuerdo en señalar que esta civilización teotihuacana abarcó desde el 150 hasta el 700, año en que se produjo la aparición de los toltecas.

A LA IZQUIERDA
Conjunto de ruinas de Teotihuacan.
PÁGINA ANTERIOR ARRIBA
Parte frontal de la pirámide del Sol.
PÁGINA ANTERIOR ABAJO
Detalle decorativo en Teotihuacan.

EN TEOTIHUACAN SE ERIGIERON DOS PIRÁMIDES PARA FLANQUEAR LA CIUDADELA, QUE SE ENCUENTRA UBICADA EN EL LADO NORTE.

Ambas son truncadas y presentan el núcleo de adobe, pero revestidas de estuco o piedra decorada con frisos y relieves de carácter geométrico ornamental.

La pirámide del Sol, cuya base, casi cuadrada, mide más de doscientos metros, está formada por cinco cuerpos superpuestos que alcanzan una altura de sesenta y tres metros. Su función original era la de servir de base a un templo, hoy desaparecido, que se alzaría en lo alto de ella. La pirámide de la Luna es de menor superficie (120 x 150 m) y altura (cuarenta y dos metros). Su situación, al final de la Calzada de los Muertos, y la perspectiva empleada por sus constructores, la hacen parecer mayor.

Hacia el siglo VI los toltecas se instalaron en el valle de México y adoptaron Teotihuacan como ciudad santa y lugar de enterramiento de sus señores. Es indudable que las pirámides de Teotihuacan son anteriores a la llegada de los toltecas al valle. Prueba de ello es el contraste de estos edificios con el llamado templo de Quetzalcoatl o templo de la Rana, que fue mandado levantar por el rey tolteca Tula en el siglo IX.

La disposición original de este templo no se descubrió hasta 1920, cuando se retiraron los lisos muros que lo cubrían. Ello permitió descubrir la decoración con tableros que sobresalen del talud y se encuentran reple-tos de mosaicos de piedras y altos relieves, que simulan cabezas y símbolos divinos. Se ha calculado que habría trescientas sesenta y seis cabezas de serpientes emplumadas (dios Quetzalcoatl) y el mismo número de cabezas del dios Tláloc, las cuales revelan un estilo muy diferente al de los primitivos monumentos de Teotihuacan.

Por último, los aztecas respetaron Teotihuacan como cementerio real y construyeron el monumental conjunto de la ciudadela, compuesto por una plaza rectangular rodeada de terrazas, donde se levantan quince pequeñas pirámides, que servía para celebrar ceremonias al aire libre.

ARQUITECTURA
Maya

ÉPOCA
Siglos II a. C. - XV d. C.
LOCALIZACIÓN GEOGRÁFICA
México, Honduras y Guatemala.
CONSTRUCCIONES MÁS EMBLEMÁTICAS
Ruinas de Copán, Tikal y Chichén Itzá.

S I EXISTE UNA CIVILIZACIÓN AMERICANA que haya despertado especial interés y fascinación en el mundo occidental, ésta es, sin duda alguna, la de los antiguos mayas. Abarcó un territorio de más de cuatrocientos mil kilómetros cuadrados, por los actuales estados mexicanos de Tabasco y Chiapas y zonas de los actuales territorios de Guatemala, Belice, Honduras y El Salvador. Durante cerca de tres mil años la civilización maya se desenvolvió en un territorio selvático hostil, en el que, a pesar de las dificultades que planteaba un entorno adverso, levantaron centros ceremoniales, entre otras edificaciones, que todavía siguen sorprendiendo a la humanidad en nuestros días.

A LA IZQUIERDA
Detalle de la estructura piramidal de las construcciones en Tikal.
ARRIBA A LA DERECHA
Vista general del conjunto de la ciudad Tikal.
ABAJO A LA DERECHA
El atardecer resalta la belleza del enclave.

BUENA PARTE DE AMÉRICA CENTRAL FUE CONQUISTADA POR EL PUEBLO MAYA, CUYA CULTURA SE EXTENDIÓ DESDE MÉXICO HASTA EL SALVADOR.

Ruinas de Chichén-Itzá
Ruinas de Tikal
Ruinas de Copán

EN LA ACTUALI-DAD, la referencia arqueológica más temprana de la cultura maya pertenece a la localidad de Cuello (Belice) y data del año 1200 a. C. Estos primeros moradores dejaron vestigios de una sociedad primitiva desarrollada, con restos de hoyos de hogueras para cocinar, enterramientos y casas confortables, como las que aún se construyen. Mientras los pobladores de Cuello perfeccionaban sus pequeñas pirámides dispuestas en terrazas, cuadrillas de trabajadores construían, en ciudades como Mirador, Ti-

kal y Nakbe, pirámides gigantescas, algunas de más de 70 metros de altura.

Tikal llegó a ser la mayor y más importante de las ciudades mayas del Petén. Su cronología la podríamos datar entre el año 416 y el 869. Sus ruinas cubren un espacio de cuatro kilómetros cuadrados, distribuidos alrededor de una gran plaza a modo de centro cívico. Destacan dos pirámides enfrentadas y otros edificios enclavados sobre altísimos basamentos. La pirámide mayor tiene una altura de cuarenta y cinco metros y el templo que va en su plataforma, otros veinticuatro. En total, su cúspide se eleva sesenta y nueve metros.

Las pirámides de basamento son más empinadas que en otros lugares mayas. En la plataforma superior se situaba el templo, construcción casi maciza con pequeña cámara. Estas construcciones tienen varios pisos y se sube del uno al otro mediante escaleras exteriores con peldaños estrechísimos de piedra o de madera. Son curiosos los remates en forma de penacho, con varias zonas de marquetería en madera, que recuerdan vagamente a aquellas *gopuras* de los santuarios de India, formadas por innumerables frisos con nichos y ventanas ciegas. Ninguno de sus elementos constructivos o decorativos tiene utilidad práctica o cultural.

DURANTE EL CLÁSICO SE CONSTRUYERON IMPORTANTES MONUMENTOS EN LAS CIUDADES, PERO CON EL OCASO DEL PERIODO, LOS MAYAS SE DESPLAZARON AL NORTE.

Otro centro importante en el periodo clásico (250 a. C.-900 d. C.) fue Copán, cuya acrópolis guarda un extraordinario complejo arquitectónico, formado por la Casa de la Comunidad, la cancha del juego de la pelota, la escalera jeroglífica, el templo de la Meditación y el templo de las Inscripciones. Todos destacan por su riquísima decoración con figuras humanas, animales, elementos vegetales, mitológicos y astronómicos.

A finales del clásico estos núcleos urbanos entraron en decadencia y durante el periodo siguiente, el posclásico (900-1530), el centro del mundo maya se trasladó a Yucatán, donde las migraciones toltecas habían cristalizado en una nueva síntesis cultural. Un ejemplo de ello son los restos de Chichén Itzá, uno de los yacimientos prehispánicos de mayor importancia.

En ellos se aprecian dos periodos. El primero de ellos, anterior a la invasión tolteca, está dominado por el estilo puuc, de profusa decoración. En cambio, en el periodo maya-tolteca, la fusión de ambas culturas propició la aparición de nuevas concepciones arquitectónicas, mucho más sobrias en cuanto a formas y decoración.

Orígenes

El territorio de Belice, donde se han hallado restos arqueológicos del siglo XIII a. C., se ha convertido en un referente de la investigación actual sobre la civilización y la cultura mayas.

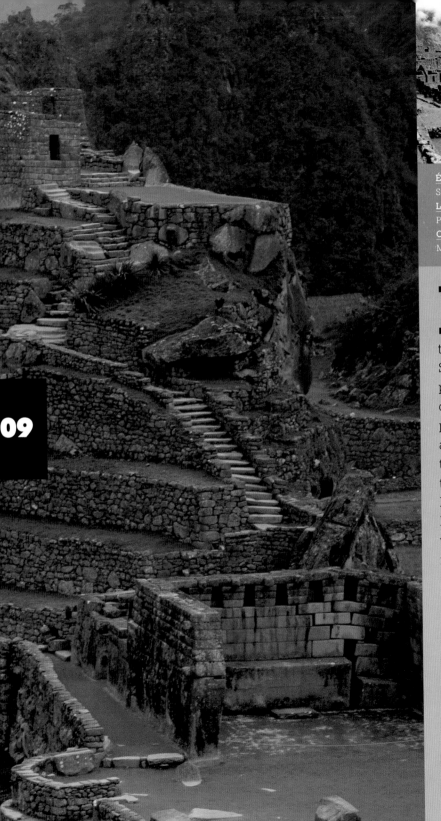

ÉPOCA
Siglos XII-XVI.
LOCALIZACIÓN GEOGRÁFICA
Perú.
CONSTRUCCIONES MÁS EMBLEMÁTICAS
Machu Picchu.

EL IMPERIO INCA se desarrolló a partir de la fundación de la que sería su capital, Cuzco, en el año 1100 d. C. Sobreponiéndose a las culturas precedentes, esta civilización alcanzó un nivel de desarrollo sorprendente, que perduró hasta el año 1533, cuando, al ser ejecutado Atahualpa por los conquistadores españoles dirigidos por Francisco Pizarro, desapareció el Imperio Inca. Sin embargo, esta civilización dejó un legado imborrable del nivel de perfección alcanzado por su técnica de construcción. Curiosamente, lo más destacado de dicho legado no sería descubierto hasta casi cuatro siglos después y de un modo casual: el grandioso complejo urbano de Machu Picchu.

ARRIBA
Escalinatas y andenes de la ciudad
A LA IZQUIERDA
El impresionante Machu Picchu da cobijo a la ciudad
PÁGINA SIGUIENTE
Restos de las construcciones de planta rectangular que pueden admirarse en Machu Picchu

ARQUITECTURA
Inca

EN EL AÑO 1911 UN POLIFACÉTICO HISTORIADOR y político estadounidense, Hiram Bingham, descubría de forma casual las ruinas de Machu Picchu.

Su construcción comenzó a mediados del siglo XV y la ciudad estuvo habitada por cerca de un millar de personas durante su corta existencia (poco más de cien años). Se distinguen en su trazado dos sectores: al oeste, la ciudad superior o Hanan, destinada al culto y en la que se ubican los principales templos y las casas nobiliarias; al este, la ciudad interior o Hurin, donde vivían los artesanos, comerciantes y quienes estaban al servicio de templos y santuarios. Entre ambas se levanta, de norte a sur, y en tres niveles, una gran plaza ceremonial, conocida como la Intipampa, que constituye el único espacio llano de todo el conjunto.

De la ciudad superior destaca el templo Semicircular o Torreón, llamado así por parecerse a los torreones de los baluartes medievales europeos, aunque su función no era defensiva, sino religiosa. Los edificios más destacados en la ciudad interior son: el palacio de la Princesa o Ñusta, el templo de las Tres Ventanas, el templo Principal y una curiosa mole megalítica sagrada conocida como el Intihuana. Formada por cuatro terrazas y distintos servicios, está culminada por un bloque de granito tallado y coronado por un prisma de 1,80 metros de altura.

Las construcciones son de planta rectangular y de un solo piso. Los gruesos muros destacan por la mezcla de distintos acabados y técnicas. Las piedras, perfectamente talladas en sillares, encajaban a la perfección pese a emplearse sillares de distinto tamaño.

Como sucede en otros complejos incas, en Machu Picchu hay numerosas terrazas de cultivo. Una doble red de conducción de aguas permitía su distribución para el consumo e higiene y para el alcantarillado. La ciudad estaba rodeada de precipicios y tenía hasta tres líneas de murallas, que la convertían en una ciudad fortificada de difícil acceso.

Otro centro destacable fue la capital, Cuzco. En pleno corazón del imperio, fue su centro religioso y administrativo. Según las leyendas, fue fundada por Manco

La ciudad

La construcción de Machu Picchu se inició gracias a las investigaciones y el empeño de un gobernador de la época. Aunque se han hallado restos del siglo XIV, los arqueólogos consideran que el grueso de la obra comenzó en el XV.

Capac, el primer inca. Los actos públicos se celebraban en la plaza central, donde se hallaba el templo del Sol o Coricancha, principal santuario inca de la ciudad.

En 1532 Francisco Pizarro conquistó Perú y asesinó a Atahualpa, el último soberano inca. Con él se extinguió todo un imperio, que, en apenas cuatrocientos años, abarcó un territorio de cuatro mil kilómetros cuadrados.

La Inca fue una sociedad extraordinariamente avanzada, pero desapareció en el siglo XVI.

67

Impresionante vista general
de las ruinas de Machu Picchu

CIUDAD DE Machu Picchu

MACHU PICCHU, LA CIUDAD SAGRADA DE LOS INCAS, fue descubierta en 1911 por el explorador y político estadounidense Hiram Bingham. Situada en un recóndito e inexpugnable lugar del valle de Tampu, era la ciudad más bella del imperio. Fue construida para ser el refugio de la aristocracia más selecta en caso de un ataque. Por ello los caminos que conducían a Machu Picchu estaban prohibidos para el común de la población, pues su ubicación era un secreto militar. Tras la conquista española de Cuzco (1532), fueron la morada de los últimos incas, que resistieron en este valle durante algunas décadas más.

EL DESCUBRIMIENTO

La ciudadela inca fue descubierta el 24 de julio de 1911 por Bingham. Después de atravesar a pie la selva que cubre el valle peruano de Vilcabamba, llegó a una ciudad perdida en las cumbres andinas, creyendo haber hallado Vitcos, el último refugio de los reyes incas, derrotados por Francisco Pizarro en 1536.

LAS TERRAZAS

Machu Picchu es un complejo urbanístico y agrícola, habitado por la aristocracia inca desde el siglo XIII. En las laderas del abrupto barranco, que desciende en un plano casi vertical hasta el curso del río Urubamba, se disponen las terrazas dedicadas al cultivo y los pastos.

SITUACIÓN

La figura del Huayna Picchu, «montaña vieja», domina la ciudad desde su imponente altura. Debajo de ella, sobre el cerro de Machu Picchu, «montaña joven», se extiende la última morada de la civilización inca, un extraordinario complejo levantado a 2.300 metros de altitud y de veinte hectáreas de superficie.

LAS ESCALERAS

Debido a la particular ubicación de la ciudad, se debieron construir numerosas escalinatas y rampas para salvar los empinados desniveles del cerro. Hay más de cien escalinatas de piedra, muchas de ellas esculpidas íntegramente en un único bloque de granito.

EL ABANDONO

El abandono de la ciudadela se produjo a finales del siglo XV, según unas teorías, o a finales del XVI, según otras. Algunos historiadores sostienen que la causa fue una epidemia. Sin embargo, la razón más verosímil es que, a la muerte de Atahualpa, el último emperador inca, ya no tenía sentido mantener este centro sagrado, por lo que sus habitantes lo abandonaron.

LA ARQUITECTURA

En todo el recinto se encuentran alrededor de cuarenta construcciones, entre templos, santuarios, plazas y núcleos residenciales. Estas edificaciones siguen el clásico estilo arquitectónico inca, con muros pulidos de forma regular construidos con bloques de piedra de hasta veinte toneladas. Las junturas son tan perfectas que entre piedra y piedra no cabe la hoja de un cuchillo.

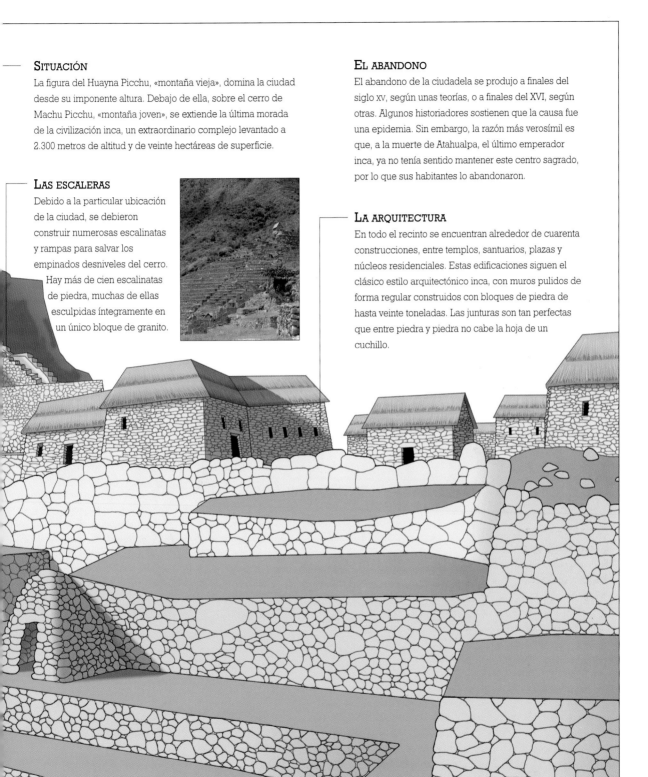

ARQUITECTURA
Barroca colonial

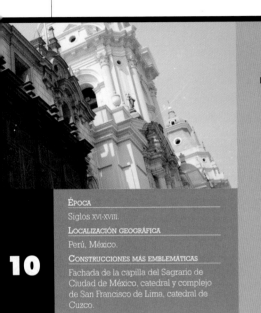

A MEDIADOS DEL SIGLO XVI la conquista de América Central y del Sur casi había llegado a su fin. Las colonias españolas eran controladas por los virreyes, que se asentaron con verdaderas cortes reales, alrededor de las cuales se desarrolló una arquitectura que seguía los modelos barrocos hispano-portugueses, pero mezclados con rasgos propios de la arquitectura indígena. La mayoría de estas construcciones eran de tipo religioso, ya que las órdenes religiosas que cristianizaban a los indígenas tenían una gran influencia sobre los gobernantes de estas tierras. Sobresale, entre estas construcciones, la hermosa catedral de Cuzco.

A LA IZQUIERDA
Vista de la fachada de la catedral de Cuzco.
ARRIBA A LA DERECHA
Vista nocturna de la catedral de Cuzco.
ABAJO A LA DERECHA
Vista nocturna de la fachada del arzobispado de Lima.

ÉPOCA
Siglos XVI-XVIII.
LOCALIZACIÓN GEOGRÁFICA
Perú, México.
CONSTRUCCIONES MÁS EMBLEMÁTICAS
Fachada de la capilla del Sagrario de Ciudad de México, catedral y complejo de San Francisco de Lima, catedral de Cuzco.

10

EL BARROCO, ESTILO ARQUITECTÓNICO NACIDO EN ITALIA, FUE EL PRIMERO EN TRASPASAR LA FRONTERA EUROPEA Y DAR EL SALTO HASTA LAS COLONIAS AMERICANAS.

Capilla del Sagrario de México

Catedral de Lima

Catedral de Cuzco

EL ARTE QUE SE DESARROLLA EN ESTOS AÑOS EN Iberoamérica es fundamentalmente religioso, muy influido por las órdenes religiosas llegadas del viejo continente, que impusieron el cristianismo a los indígenas. El trazado de las ciudades se basa en el reticular romano, que tan aprendido tenían los arquitectos españoles. El punto de referencia será la plaza central, donde se erigen las iglesias. Pese a la unidad artística que imperaba en la arquitectura religiosa, las nuevas formas artísticas asimilan las distintas variedades étnicas y geográficas.

Las aportaciones españolas más importantes a la arquitectura barroca colonial fueron la columna salomónica, el estípite (una especie de pilar en forma de pirámide truncada, con la base menor hacia abajo) y el camarín (capilla pequeña detrás del altar, en la que se venera una imagen).

Estas aportaciones se adaptaron a las técnicas constructivas propias de la región, caracterizadas por una planta estática y una profusión de elementos decorativos en las fachadas. La gran variedad de aportes culturales y religiosos repercutió de distinta manera en los virreinatos de Nueva España y de Perú. Pese a depender de virreyes españoles,

sus estilos de construcción presentan diferencias notables. Las distintas escuelas se diferencian tanto por los materiales empleados como por los estilos de los edificios, según la función que deban cumplir.

Uno de los rasgos diferenciadores del barroco mexicano del siglo XVIII es la maestría en el uso de la piedra de distintos colores y el yeso para la decoración de interiores y fachadas. Por otra parte, se desarrollan especialmente elementos como las esbeltas torres y las cúpulas, presentes en casi todos los templos, sobre tambores octogonales y profusamente decorados. Un claro ejemplo es la capilla del

La religión también se convirtió en la temática artística principal del nuevo continente, al igual que ocurrió en Europa.

Sagrario de Ciudad de México, realizada en estilo churrigueresco de finales del XVIII. Se emplea en la portada el mencionado lenguaje escultórico-arquitectónico sobrecargado con la utilización de estípites, que separan verticalmente las hornacinas con imágenes de santos.

En Perú se observan diferencias en el uso de materiales entre la zona litoral, donde se emplearon más el adobe y los materiales ligeros, y la zona andina, donde proliferó el uso de la piedra. El barroco peruano es, pese a estas diferencias, fundamentalmente decorativo, heredero de la influencia española del *horror vacui*. Las catedrales de Cuzco y Lima presentan importantes similitudes en sus fachadas. Atribuidas ambas a Francisco Becerra, presentan una fachada en dos pisos, con columnas sobre ménsulas y un gran frontón curvo en la parte superior. Ambas recogen la tradición del plateresco renacentista.

También hay que mencionar el grandioso complejo arquitectónico de San Francisco de Lima, formado por la iglesia y el convento y las capillas de la Soledad y del Milagro, del siglo XVII. Destacan su fachada de almohadillado y sus torres coloreadas de amarillo, en alusión a la flor amarilla *limac-huayta*, que dio nombre a la ciudad.

Diferencias estilísticas

La estilística de las construcciones barrocas de las colonias adoptó las tendencias que estaban teniendo lugar en el viejo continente, incluso la churrigueresca, recargada y muy ornamental.

73

11

ÉPOCA

Siglos XIX-XX.

LOCALIZACIÓN GEOGRÁFICA

Nueva York.

CONSTRUCCIONES MÁS EMBLEMÁTICAS

Bayard Building, Flatiron Building, Woolworth Building, Chrysler Building, Empire State Building y World Trade Center.

En 1624, la Compañía Holandesa de las Indias Occidentales fundó, en el extremo sur de Manhattan, la ciudad de Nueva Ámsterdam. En 1664, una vez conquistada por los ingleses, Carlos II de Inglaterra entregó la ciudad a su hermano Jaime, duque de York, adoptando entonces la denominación actual. Nueva York se encuentra dividida en cinco distritos, de entre los cuales la isla de Manhattan es el que ha sufrido un mayor desarrollo urbanístico. Centro político y empresarial de la ciudad, Manhattan fue el escenario de las primeras construcciones que desafiaron la ley de la gravedad.

A LA IZQUIERDA
Vista de los rascacielos que pueblan la ciudad de Nueva York.
ARRIBA
Remate del emblemático Empire State Building.
ARRIBA A LA DERECHA
Vista nocturna de la ciudad de Nueva York.

ARQUITECTURA DE LOS
Rascacielos

World Trade Center

Manhattan fue la primera ciudad en la que se empezaron a construir grandes rascacielos. Los dos edificios del World Trade Center resultaron destruidos el 11 de septiembre de 2001 por un ataque terrorista con aviones de pasajeros.

CORRÍA EL AÑO 1854 CUANDO, EN UNA exposición celebrada en Nueva York, Elisha Graves Otis presentaba ante la fascinada multitud su gran creación: el ascensor. De esta manera se daba el pistoletazo de salida para la construcción de edificios cada vez más altos.

Pero no fue sólo el invento de Otis lo que incitó a la construcción de rascacielos, sino que fue más bien la suma de varios factores, como el uso en la construcción del esqueleto de acero, los elevados precios que alcanzaban los solares y, sorprendentemente, la competencia publicitaria, ya que muchas de estas construcciones no se hubieran podido llevar a cabo sin la rentabilidad que producía tener en ellas la sede de alguna poderosa compañía.

En las primeras construcciones destacó la división tripartita de la fachada, distinguiéndose claramente la base, el centro y el remate. Como inspirados en los palacios renacentistas, estos primeros edificios raramente se encontraban aislados, y presentaban una extremada fijación por las proporciones y una expresiva claridad en los detalles de las molduras. Un ejemplo lo encontramos en el Bayard Building, de 1898, obra de Louis H. Sullivan, en el que los elementos verticales prevalecen marcadamente sobre la forma general.

En 1902, el arquitecto Daniel Hudson Burnham construyó el Flatiron Building, que, con veintiún pisos y ochenta y siete metros de altura, se convirtió en el edificio más alto del mundo. Situado en un terreno triangular, formado por la intersección de la Quinta Avenida y Broadway, su forma de plancha le valió su actual nombre. La construcción combinaba las técnicas más modernas del momento con el estilo renacentista francés e italiano de la fachada.

Posteriormente, con el incremento de la altura, los edificios se inspiraron en formas góticas, como si fueran torres-campanario, que se desmarcan del perfil de la ciudad. Uno de los edificios más destacados fue el Woolworth Building, construido en 1913 por Cass Gilbert. Esta torre recuerda a las de las catedrales góticas, con pináculos y gárgolas, e incluso se la conoce como «la catedral del comercio». En su interior hay que destacar el grandioso vestíbulo, que presenta una altura de tres plantas, con un techo con cristaleras y bóveda cubierta de mosaicos dorados y grandes escaleras de mármol. Con sus cincuenta y siete plantas, el edificio alcanzó una altura de doscientos sesenta metros, manteniendo el título de rascacielos más alto hasta 1930.

Fue el Chrysler Building, con setenta y siete pisos y trescientos diecinueve metros, el que se adjudicó ese año el título de edificio más alto del mundo. Este gran símbolo Art Déco fue construido por William van Allen, a petición de Walter ▸

11

ARQUITECTURA DE LOS **Rascacielos**

« EDIFICADAS EN 1973, SIGUIENDO EL PROYECTO DE MINORU YAMASAKI Y EMERY, ROTH & SOONS, LAS TORRES GEMELAS FORMARON EL EDIFICIO MÁS ALTO DEL MUNDO HASTA LA CONSTRUCCIÓN DE LA TORRE SEARS DE CHICAGO (1974), Y EL EDIFICIO MÁS ALTO DE NUEVA YORK HASTA LOS ATENTADOS DEL 11 DE SEPTIEMBRE DE 2001 ».

Chrysler, propietario de la empresa automovilística que lleva su nombre. Su reconocible pináculo, formado por arcos brillantes de acero inoxidable, con ventanas triangulares, forma parte del paisaje de la ciudad. Las ocho gárgolas, situadas en la base del pináculo, están realizadas en acero y son las insignias usadas en los modelos de coches Chrysler de comienzos del siglo XX. El interior del vestíbulo conserva sus paredes de mármol africano con murales, y en los ascensores aún se conserva la decoración original, realizada en madera.

Sólo un año después, en 1931, el Empire State Building colocaba el listón en 381 m de altura, que, con la antena de sesenta y dos metros, se convertían en cuatrocientos cuarenta y tres metros. Construido en apenas un año, la compañía Shreve, Lamb & Harmon Associates levantaba cuatro pisos por semana. Finalizado en plena crisis económica, costó muchísimo encontrar inquilinos para las oficinas, ocupándose en sus primeros años tan solo el 25 por ciento, lo que hizo que adoptara el apodo de «Empty State Building». Hoy día es el centro económico de Manhattan y, junto con la Estatua de la Libertad, el emblema de la ciudad.

En 1963 se comenzó a construir el World Trade Center, complejo arquitectónico ideado como un sofisticado centro de negocios y símbolo del capitalismo internacional. Estaba formado por siete edificios, integrados en el extremo meridional de la isla de Manhattan. Del complejo destacaban sobre todo las dos torres de ciento diez pisos y cuatrocientos once metros de altura (quinientos veintiuno con la antena).

A LA IZQUIERDA
Los grandes rascacielos definen la silueta de Nueva York.

ASIA

ARQUITECTURA EN
Asia/1

A sia es el más grande de los continentes, y sus habitantes representan las tres quintas partes de la población mundial. A grandes rasgos, se podría dividir el continente en dos grandes áreas. La zona este y sur del continente estaría dominada por los pueblos de raigambre mongola y por el afianzamiento de las religiones budista y sintoísta. La zona oeste muestra una preponderancia de los pueblos de origen caucásico y religiones budista, hinduista y musulmana.

1 Mezquita Sehzade
Turquía
PÁGINA 124

2 Suleeymaniye
Turquía
PÁGINA 124

3 Mezquita Azul
Turquía
PÁGINA 124

4 Palacio Topkapi
Turquía
PÁGINA 124

5 Mezquita Real de Isfahán
Irán
PÁGINA 126

6 Gran Plaza Real
Irán
PÁGINA 126

7 Puente Khaju
Irán
PÁGINA 126

8 TajMahal
India
PÁGINA 128

9 Fuerte Rojo
India
PÁGINA 128

10 Mezquita Yami Masyid
India
PÁGINA 128

11 Templo de Jokhang
Tíbet
PÁGINA 130

12 Monasterio de Sera
Tíbet
PÁGINA 130

13 Gran Muralla china
China
PÁGINA 94

14 Mausoleo de Quin Shihuang
China
PÁGINA 94

15 Pagoda Gran Ánsar
China
PÁGINA 100

16 Pagoda de las Seis Armonías
China
PÁGINA 100

17 Gran Pagoda de Yingxian
China
PÁGINA 100

18 Stupas de Sanchi
India
PÁGINA 134

19 Ciudad Prohibida de Beijing
China
PÁGINA 102

20 Pabellón del Fénix
Japón
PÁGINA 106

21 Pagoda de Yakushi-ji
Japón
PÁGINA 106

22 Castillo de Himeji
Japón
PÁGINA 106

23 Palacio Potala
Tíbet
PÁGINA 130

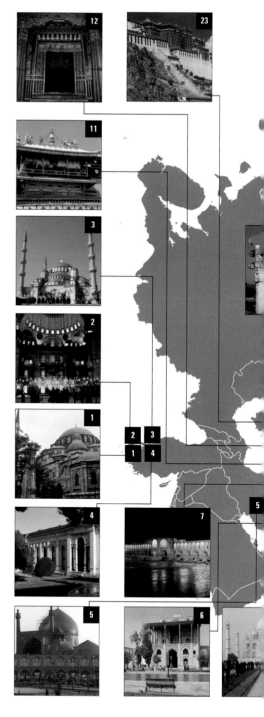

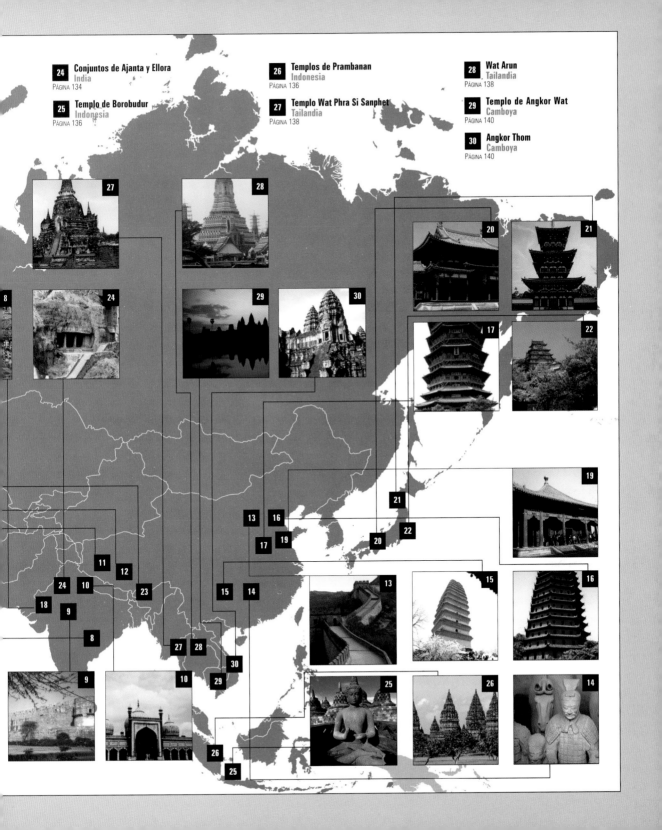

ARQUITECTURA EN
Asia/2

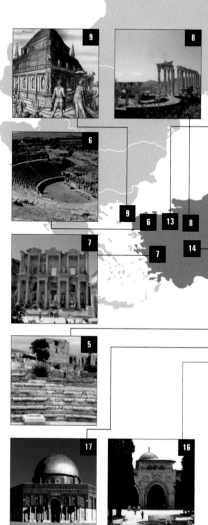

L a diversidad cultural de Asia, no comparable con ningún otro continente, repercutió en gran medida en la diversidad arquitectónica, evidente a lo largo de los territorios asiáticos. Encontramos manifestaciones tanto de antiguas civilizaciones, como la mesopotámica o la fenicia, como de las singulares culturas china y japonesa o de la influyente arquitectura islámica. Además, no podemos olvidarnos de las numerosas corrientes artísticas del sureste asiático, tales como la arquitectura tibetana y budista o las propias de las culturas tai y jemer.

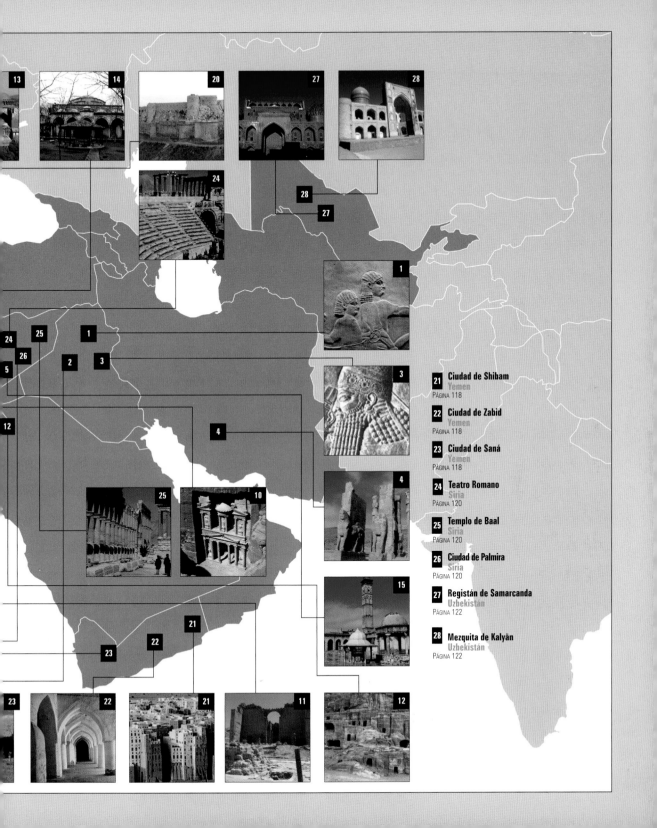

12

EL PRIMER IMPERIO DE LA HISTORIA FUE FUNDADO EN MESOPOTAMIA ALREDEDOR DEL 2300 A. C. POR SARGÓN, REY DE ACAD.

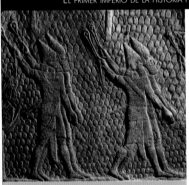

Nínive

Ocupaba una posición central en las rutas entre el Mediterráneo y el Índico. Unía así Oriente y Occidente y recibía influencias de muchas culturas.

BABILONIA ERA, EN LA ÉPOCA DE LOS PRIMITIVOS sumerios, un reino menor que despertó con la llegada al poder del rey Hammurabi, en 1792 a. C. Este monarca aprovechó la caótica situación de Mesopotamia desde que Sumer fuera invadida hacia el año 2000 a. C., y unificó los estados, formando lo que hoy se conoce como Imperio Babilonio. Heredera directa de la cultura de la antigua Sumer, Babilonia se mantuvo como gran metrópoli y eje cultural de Asia occidental durante dos mil años.

En el siglo VII a. C., Nabucodonosor procedió a una lujosa reconstrucción de la ciudad. Frente al grandioso palacio Real se encontraba la puerta de Ishtar, cuya fachada estaba formada por un arco de medio punto flanqueado por dos torres y decorada con relieves de animales fantásticos. De aquí partía la vía procesional que conducía al palacio de Marduk, en el centro de la ciudad, y al zigurat Etemenanki, de cinco pisos.

ARQUITECTURA
Mesopotámica

ÉPOCA
3500-612 a. C.
LOCALIZACIÓN GEOGRÁFICA
Irak.
CONSTRUCCIONES MÁS EMBLEMÁTICAS
Restos Biblioteca de Assurbanipal en Nínive, zigurat de Ur.

MESOPOTAMIA proviene del griego *mesos* (medio) y *potamos* (río) y designa la llanura situada entre los ríos Tigris y Éufrates, en el actual Irak. Sus primeros moradores, los sumerios (4000-1950 a. C.), fueron los pioneros en la utilización de vehículos con ruedas, los inventores de la escritura (que surgió de la necesidad de llevar un control de las cuentas del templo) y uno de los primeros en desarrollar la metalurgia, combinando metales para producir aleaciones. Los poblados se transformaron en verdaderos centros urbanos, con una sociedad fuertemente jerarquizada, formada por una elite religiosa y política y las clases de artesanos especializados.

A LA IZQUIERDA
Escalera en el zigurat de Ur.
PÁGINA ANTERIOR ARRIBA
Vista general del zigurat de Ur.
PÁGINA ANTERIOR ABAJO
Restos de la biblioteca de Assurbanipal.

A MEDIDA QUE AUMENTABA LA RIQUEZA DE ESTAS CIUDADES, RESULTABAN UN OBJETIVO TENTADOR PARA LOS INVASORES DE LAS REGIONES VECINAS.

El zigurat es la construcción más característica de la antigua Mesopotamia. Su origen está en los templos del IV milenio levantados sobre plataformas. En la parte superior se levantaba un pequeño santuario empleado para la realización de rituales o para la observación de los astros. Todas las grandes ciudades de Mesopotamia tenían uno.

Entre los mejor conservados destaca el de Ur, construido hacia el año 2000 a. C. en honor a la patrona de la ciudad, Nannar. De planta rectangular, de 62 x 43 metros, está formado por tres pisos cuyas paredes no son verticales, sino ligeramente inclinadas en talud. A la plataforma superior se accedía por tres monumentales escaleras, dos adheridas a la fachada y una tercera de frente. A partir del 1250 a. C. los asirios tomaron Mesopotamia y se establecieron al norte de Babilonia, en el valle superior del Tigris. Sus capitales fueron Nínive y Assur. La primera se convirtió en un importante punto de paso de las rutas comerciales, recibiendo influencias de muchas culturas, y fue una de las más grandes ciudades de la Antigüedad.

El más importante de los recientes descubrimientos en Nínive fue la biblioteca de Assurbanipal (669-626 a. C.). Contenía unas diez mil tablillas en escritura cuneiforme en las que se describía la historia, las leyes y la religión de Asiria. Esto hace que sea uno de los mayores tesoros de la literatura del mundo antiguo. En algunas de las tablillas se hacía mención al posible uso de algo similar al tornillo de Arquímedes para elevar el agua, junto conotras tablillas que hablaban de jardines. Eso confirma la hipótesis de Nínive como un posible emplazamiento de los míticos jardines colgantes de Babilonia.

ARQUITECTURA
Aqueménida

ÉPOCA
Siglos VIII-IV a. C.
LOCALIZACIÓN GEOGRÁFICA
Irán.
CONSTRUCCIONES MÁS EMBLEMÁTICAS
Restos de la ciudad de Persépolis.

13

HEREDEROS de los imperios de Babilonia y Asiria, los persas eran descendientes de las tribus nómadas indoeuropeas que se habían asentado hacia el año 1000 a. C. en la llanura iraní y entre los valles del Tigris y del Indo. Durante la dinastía de los aqueménidas, los persas llegaron a gobernar un imperio que se extendía a lo largo de más de cuatro mil kilómetros. Darío I el Grande (522-486 a. C.) y sus sucesores construyeron en 518 a. C. Persépolis o la *ciudad de los persas*, que mantuvo la función de capital ceremonial hasta que Alejandro Magno la saqueó en el 330 a. C.

A LA IZQUIERDA
Escultura de la puerta de entrada a la ciudad de Persépolis.
PÁGINA SIGUIENTE ARRIBA
Restos de la Apadana.
PÁGINA SIGUIENTE ABAJO
Paneles con esculturas decorativas en los muros de la ciudad.

LA SALA DE AUDIENCIAS O APADANA, EDIFICIO DE SUMA RELEVANCIA EN LA ANTIGUA PERSÉPOLIS, FORMA PARTE DEL PATRIMONIO DE LA HUMANIDAD.

HOY EN DÍA LAS RUINAS DE LA CIUDAD SON un vago reflejo del esplendor que llegó a alcanzar Persépolis. Protegida por una muralla triple, lo único que ha llegado a nuestros días ha sido el recinto interior, formado por una plataforma rectangular de 450 x 270 metros y quince de altura, realizada con grandes sillares de piedra perfectamente labrados y encajados sin mortero.

Una monumental escalinata conducía a lo alto de la plataforma, donde la Puerta de Todos los Pueblos daba acceso a la ciudad.

En el interior de ésta, los diversos edificios y su ubicación no siguieron un plan urbanístico, sino que los diferentes reyes fueron levantando edificios por doquier sin orden aparente. El más importante de la ciudad era la Sala de Audiencias o Apadana, de planta cuadrangular con torres en las esquinas. Cada uno de los tres pórticos de dos filas de seis columnas permitía el acceso a una inmensa sala de sesenta metros de lado, cubierta originariamente con un techo de madera sustentado por columnas de diecinueve metros de altura. En la actualidad tan sólo se mantienen en pie trece columnas del que, sin duda, fue el más importante de los edificios de Persépolis y referente sistemático de la arquitectura aqueménida. Sus co-

lumnas destacan sobre todo por ser muy estilizadas, ya que el fuste es de apenas metro y medio de diámetro. Destaca también la decoración estriada del fuste, la base en forma de campana invertida y los capiteles decorados con motivos vegetales y rematados con impostas de dos animales unidos.

Otro elemento característico de la arquitectura aqueménida fueron, sin duda, los relieves escultóricos decorativos, que realzaban las formas arquitectónicas. Un bellísimo ejemplo lo encontramos en la escalera de acceso a la ciudad, levantada por Jerjes I (486-465 a. C.), donde se representa una escena procesional en la que los

El Imperio Persa conserva en el actual Irán ruinas de templos de gran interés para arqueólogos e historiadores internacionales.

delegados de los numerosos países del Imperio Persa traen valiosos regalos y extraños animales al rey, quizá durante la fastuosa fiesta del Año Nuevo que se celebraba en esta ciudad. La representación poco realista y el hieratismo de las figuras se ha asociado al intento de representar el poder y la fuerza de la dinastía aqueménida. Restos de pigmentos en los relieves han corroborado que éstos estaban policromados.

Tras la conquista de la ciudad por Alejandro Magno en el año 330 a. C., el macedonio la incendió, sin duda para vengar la destrucción de la Acrópolis de Atenas por Jerjes, ciento cincuenta años antes.

La ciudad

Los relieves elaborados sobre los sólidos muros de los edificios son habituales en las construcciones persas, que aún hoy siguen siendo elementos de sorprendente belleza.

ARQUITECTURA
Fenicia

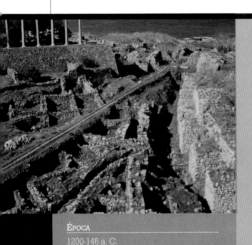

ÉPOCA
1200-146 a. C.
LOCALIZACIÓN GEOGRÁFICA
Líbano.
CONSTRUCCIONES MÁS EMBLEMÁTICAS
Ciudad de Biblos.

HACIA EL AÑO 1200 A. C. los hábiles marineros fenicios, asentados en ciudades como Biblos, Sidón y Arados, iniciaron su dominio por el Mediterráneo, llegando hasta el Atlántico y, según textos de Herodoto, a circunnavegar África. Los fenicios no tuvieron rival en los mares durante su edad de oro, por lo que establecieron plazas comerciales y colonias en numerosas islas y costas del norte de África, como Cartago, que se convirtió en su más importante ciudad exterior, en el actual Túnez. Tal fue el poderío que llegó a desarrollar Cartago, que bajo el reinado de Aníbal se atrevió a desafiar al poder de Roma, cuya venganza supuso la total destrucción de la próspera ciudad.

A LA IZQUIERDA
Restos de la
ciudad de Biblos.
PÁGINA SIGUIENTE
ARRIBA
Necrópolis real
de Biblos.
PÁGINA SIGUIENTE
ABAJO
Restos de los
pilares de las
murallas.

PESE A TRATARSE DE LA PRIMERA CIVILIZACIÓN QUE APARECIÓ EN EL MUNDO, HACE UNOS SIETE MIL AÑOS, BIBLOS CONTINÚA ESTANDO HABITADA EN LA ACTUALIDAD.

A PARTIR DEL AÑO 750 A. C. LAS CIUDADES FENICIAS comenzaron a sufrir las invasiones y ataques de asirios, babilonios y persas, lo que hizo que gran parte de la población se refugiara en Cartago, que hacia el 650 a. C. se convirtió en una de las ciudades con más poder de todo el Mediterráneo y que, con el reinado de Aníbal, llegó a vencer a Roma en la segunda guerra Púnica, en el 202 a. C. La venganza de Roma fue terrible; en el año 146 a. C. las tropas de Publio Cornelio Escipión llegaron a Cartago y, tras un largo sitio, se hi-

cieron con la ciudad, arrasándola e incendiándola completamente. Cuentan que llegaron a arrojar sal en sus campos para que no volviera a crecer nada en ellos.

La leyenda dice que Biblos es la ciudad más antigua del mundo, ya que su origen histórico se remonta hasta el año 7000 a. C. Su periodo preurbano no se inició hasta finales del IV milenio, cuando se comenzaron a construir viviendas con muros de piedra. Hacia el III milenio, ya era considerado como el puerto más importante del Mediterráneo oriental. Pero serán el II y el I milenios las épocas de esplendor de la ciudad, cuando se levanten las construcciones más importantes.

Una de ellas es el templo de los Obeliscos. Está presidido por un gran obelisco de piedra, con el dios fenicio de la guerra representado en él. A su alrededor se levantan otros de menor tamaño, que representan a los fieles. En posteriores excavaciones se han encontrado miles de figuritas votivas.

También se alzó la Necrópolis Real, conjunto de fosas y cámaras funerarias que datan del II milenio y que se destinaron a los enterramientos reales con su fastuoso mobiliario. La costumbre de enterrar con el mobiliario también se da en enterramientos más modestos, situados al sur de la ciudad, en los que los difun-

ADONIS ERA UNA DIVINIDAD DE LOS FENICIOS. MÁS TARDE, PASÓ A FORMAR PARTE DE LA MITOLOGÍA GRIEGA.

tos eran sepultados en grandes ánforas junto con un pequeño mobiliario.

Destacables son las murallas que, en su tiempo, rodearon la ciudad por tres de sus cuatro lados. El mar completaba la defensa del cuarto lado. Sustentada mediante pilares, en la actualidad tan sólo se conservan veintiséis metros de muralla. A lo largo de los siglos las estructuras defensivas fueron evolucionando y, hacia el IX a. C., se levantó el glacis o terraplén defensivo, y, posteriormente, una torre vigía. Durante la ocupación persa de la ciudad, los aqueménidas reforzaron el sistema defensivo mediante una nueva línea de murallas. Tras la conquista de la ciudad por Alejandro Magno (336-323 a. C.) la ciudad se convirtió en un santuario a Adonis, dios fenicio que los griegos incorporaron a su panteón mitológico. De esta época data la denominación de Biblos, debido a que a través de esta ciudad llegaban a Grecia los papiros egipcios. Las clases altas de la ciudad adoptaron la cultura de los helenos y la mantuvieron incluso después de la conquista romana de la ciudad, en el siglo I a. C. Durante los cuatro siglos de dominación romana, la ciudad se extendió fuera de las murallas y se levantaron edificaciones civiles, tales como termas y teatros y las infraestructuras necesarias para su desarrollo.

Biblos: baluarte defensivo

La civilización fenicia se caracterizó por su habilidad mercantil, que desarrolló a partir de su primer recurso económico, muy bien explotado por los habitantes de Biblos: la pesca.

JONIA LLEGÓ A CONSIDERARSE UNA DE LAS CUNAS DE LA FILOSOFÍA OCCIDENTAL.

Éfeso

El mar Jónico bañaba la ciudad de Éfeso. Aquí se hallaba una de las Siete Maravillas del Mundo: el templo de Artemisa, diosa griega de la caza. Este templo fue destruido completamente por un incendio en 356 a. C.

Museo de
Halicarnaso
■ Teatro de Mileto
■ Acrópolis de
Pérgamo
Biblioteca de
Celso
en Éfeso

LAS PRINCIPALES URBES DE JONIA se agruparon en una confederación de ciudades jonias, dentro de la cual cada una de ellas conservaba su propia autonomía. En los siglos VII y VI a. C., estas ciudades de Jonia fueron objeto de una serie de guerras contra los reyes de Lidia y, en el año 546 a. C., cayeron bajo dominio persa. Ayudados por Atenas, consiguieron sublevarse en el 500 a. C., lo que provocó que Persia se enfrentara directamente a Grecia en las famosas Guerras Médicas (490-478 a. C.). Con la derrota de Persia por los griegos en 478 a. C., las ciudades jónicas obtuvieron la libertad que buscaban, aunque en el fondo dependían, en cierta manera, de Atenas. Hacia el 334 a. C., Alejandro Magno anexionó las ciudades a su imperio greco-macedónico y, posteriormente, estas ciudades se incorporaron a los imperios de Roma y Bizancio. Un breve recorrido por algunas de ellas nos permitirá comprobar el esplendor de una arquitectura cuyos restos se conservan, en algunos casos, mejor que en las respectivas metrópolis.

ARQUITECTURA CLÁSICA EN
Asia Menor

ÉPOCA
Siglos III a. C. - III d. C.
LOCALIZACIÓN GEOGRÁFICA
Turquía.
CONSTRUCCIONES MÁS EMBLEMÁTICAS
Acrópolis de Pérgamo, biblioteca de
Celso en Éfeso y teatro de Mileto.

JONIA ERA UNA ANTIGUA REGIÓN SITUADA en la costa oeste de Asia Menor y que incluía también las islas adyacentes. Hacia el 1000 a. C. el pueblo de los jonios emigró desde el centro de Grecia, asentándose en esta fértil y próspera tierra. En los siglos VII y VI a. C. Jonia alcanzó su primera época de esplendor, realizando importantes contribuciones al arte y la cultura griegas, llegando a considerarse la escuela jónica como una de las cunas de la filosofía occidental. Será entonces cuando se funden las ciudades más importantes, como Pérgamo, Halicarnaso, Éfeso o Mileto.

A LA IZQUIERDA
Restos del teatro
de Mileto.
PÁGINA ANTERIOR
ARRIBA
Biblioteca de
Celso en Éfeso.
Portada.
PÁGINA ANTERIOR
ABAJO
Vista general de la
biblioteca de
Celso en Éfeso.

EL GOBIERNO DE LOS ATÁLIDAS SUPUSO PARA PÉRGAMO PODER LLEVAR A CABO SU MÁXIMA EXPANSIÓN, CONVIRTIÉNDOSE EN UNA IMPORTANTE POTENCIA.

Pérgamo alcanzó su apogeo en los siglos III-II a. C. durante el reinado de Eumenes II, de la dinastía de los atálidas, cuando la ciudad era considerada una de las potencias del mundo antiguo. La ciudad fue embellecida con la construcción de una espectacular acrópolis o ciudad alta, estructurada en torno a un espectacular teatro con capacidad para diez mil personas y con una excelente acústica. Por detrás del teatro se levantó el santuario dórico de Atenea Nikéforos y el espectacular Altar de Zeus, considerado uno de los monumentos más grandiosos del mundo griego. Construido entre los años 180 y 160 a. C., está formado por una columnata de orden jónico dividida en tres cuerpos, uno central y dos laterales.

Pero lo más espectacular se encuentra en el basamento o podium, donde un friso de relieves de casi ciento veinte metros de largo y 2,3 metros de alto representa la historia de la Gigantomaquia o batalla entre dioses y gigantes. Otra de las principales ciudades griegas de Asia Menor fue Éfeso, importante puerto comercial que alcanzó gran fama por su templo de Artemisa, una de las Siete Maravillas del Mundo Antiguo, incendiado el mismo día en que nació Alejandro Magno (356 a. C). Actualmente sólo queda en pie un único fuste de columna de un templo que, según la leyenda, era cuatro veces más grande que el Partenón de Atenas.

Las extensas ruinas de la ciudad sólo representan una cuarta parte de lo que llegó a ocupar en época romana (siglos I-II d. C.). Destaca de entre ellas el espectacular teatro para veinticinco personas y la biblioteca de Celso, de época imperial, de la que se conserva perfectamente la fachada de dos pisos.

EN MEDIO DEL DESIERTO JORDANO, PETRA SE PRESENTA COMO UN BELLO ENIGMA, REVELADO APENAS HACE ALGO MÁS DE UN SIGLO.

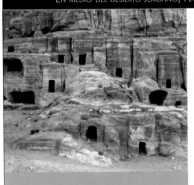

Orden nabateo

Las tumbas halladas en las distintas excavaciones ponen de relieve la existencia del denominado orden nabateo, a través del cual se realizaron auténticas obras de arte combinando tendencias griegas y romanas.

Tesoro de Khazneh al-Faroun

Templo Dusares ■ Tumbas de Petra

LA CIUDAD SE DESARROLLABA siguiendo el curso del río Uadi Musa, cuyos altos acantilados actuaban de elementos defensivos. Lo primero que encontramos es un teatro construido por los nabateos en el siglo I a. C. a imagen y semejanza de los grecorromanos, con un aforo para cuatro mil espectadores. A partir de este punto se extendía la ciudad propiamente dicha, a través de una avenida flanqueada por columnas. Ésta conducía, desde los baños y el mercado, al templo de Dusares, el único exento de

Petra y consagrado al principal dios nabateo. Cerca de él otro templo estaba dedicado a la diosa suprema del panteón nabateo, Allat (la diosa).

Al final del desfiladero o Siq aparece la espectacular fachada de Khazneh al-Faroun o Tesoro del Faraón. Su nombre se debe a la leyenda popular que asegura que, persiguiendo a Moisés, el faraón llegó a Petra y, para ir más ligero, ocultó su tesoro en la urna de 3,5 metros que hay sobre el frontón de la fachada. El afán por recuperar el tesoro llevó a los beduinos a disparar sobre ella para intentar abrirla, consiguiendo únicamente el deterioro de la misma.

Arquitectura de
Petra

ÉPOCA
Siglos III a. C. - IV d. C.
LOCALIZACIÓN GEOGRÁFICA
Jordania.
CONSTRUCCIONES MÁS EMBLEMÁTICAS
Tesoro del Faraón, templo de Dusares y
Tumbas Reales de Petra.

LOS NABATEOS ERAN UN PUEBLO NÓMADA que, hacia el siglo III a.de C., se asentó en los terrenos del sur del Mar Muerto, haciéndose con el dominio de las principales rutas comerciales que procedían de países como Somalia o Arabia Saudí con destino al Mediterráneo. De origen semita, los nabateos eran principalmente nómadas. Pero al entrar en contacto con otros pueblos sedentarios más desarrollados, como los edomitas, adquirieron los conocimientos suficientes como para fundar hasta una docena de ciudades, entre las que destacó su capital, Petra.

A LA IZQUIERDA
Avenida de columnas a la entrada de la ciudad de Petra.
PÁGINA ANTERIOR ARRIBA
Fachada de Khazneh al-Faroun, el Tesoro del Faraón.
PÁGINA ANTERIOR ABAJO
Tumbas excavadas en la roca.

LA CIUDAD DE PETRA, LA MÁS SOBRESALIENTE DE LAS CONSTRUIDAS POR LOS NABATEOS, ES HOY UN LUGAR DE GRAN INTERÉS TURÍSTICO.

Nos encontramos en realidad ante una tumba, probablemente la del rey nabateo Aretas IV, cuya fachada, de casi cuarenta metros de altura, se encuentra tallada en la roca y dividida en dos niveles. En la parte inferior, seis columnas de fuste liso y capitel corintio se intercalan con nichos con columnas. En el segundo piso se halla presente el típico frontón truncado por la urna y labrado en profundidad. La urna se encuentra rematada por un tejado cónico con hojas de acanto en el vértice. Otros nichos entre columnas completan el piso superior.

La asimilación de los elementos decorativos helenísticos y romanos dio origen al denominado *orden nabateo*, el cual destaca por su eclecticismo, es decir, por la conjugación de distintas influencias, como se puede apreciar en las tumbas excavadas en las paredes o tumbas reales. Entre ellas destacan la tumba Corintia, la de la Urna o la del Palacio, en la que se mezclan las cornisas típicas egipcias, los falsos arcos asirios, los capiteles corintios y los frontones que reproducen el estilo grecorromano.

Esta mezcla de estilos ha hecho pensar que pudieron colaborar arquitectos no nabateos en las construcciones de Petra. Bien es verdad que estos templos siguen siendo un enigma hasta hoy en día. El asombro prosigue a medida que las excavaciones dejan al descubierto nuevos restos en este territorio desértico.

En el año 106 d. C., el Imperio Nabateo fue anexionado a Roma por Trajano. La fuerte competencia comercial que supuso Palmira, así como una serie de catástrofes naturales, como el terremoto del 363, acabaron poniendo fin al esplendor de Petra y condujeron a la desaparición del Imperio Nabateo. La ciudad ya sólo sería ocupada posteriormente por algunos ermitaños cristianos y grupos de beduinos.

ARQUITECTURA DE LA
China imperial

A NTES DEL AÑO 221 a. C., China estaba compuesta por pequeños reinos feudales que fueron unificados bajo un solo poder central por Qin Shihuang, que se convirtió de este modo en el primer emperador de China (221-210 a. C.). Cuando sus tropas unificaron por la fuerza los reinos rivales de los valles de los ríos Amarillo y Yangtsé, el emperador ordenó a su general Meng Tian que fortificara la frontera del norte, emprendiendo de este modo el que es considerado como el proyecto arquitectónico más ambicioso jamás realizado: la Gran Muralla China.

A LA IZQUIERDA
Vista panorámica de la Gran Muralla China.
ARRIBA A LA DERECHA
Miles de visitantes recorren la Gran Muralla China.
ABAJO A LA DERECHA
Ejército de terracota del Mausoleo de Qin Shihuang.

ÉPOCA
Siglos III a. C - XVII d. C.
LOCALIZACIÓN GEOGRÁFICA
China.
CONSTRUCCIONES MÁS EMBLEMÁTICAS
Gran Muralla China y Mausoleo de Qin Shihuang.

17

EN LA ACTUALIDAD, LOS TRAMOS DE MURALLAS DISPERSOS SUMAN APROXIMADAMENTE SEIS MIL KILÓMETROS.

EN CHINO, LA GRAN MURALLA es conocida como *Wan-li,* que quiere decir «Diez Mil Li» (un li son seiscientos metros), pues ésta es la longitud que llegó a tener en su época de máxima extensión. Con sus seis mil kilómetros, llegó a medir una décima parte de la circunferencia de la Tierra.

Los orígenes de la Gran Muralla se remontan al final del periodo de las Primaveras y los Otoños (hacia 722-476 a. C.) y al de los Reinos Combatientes (403-221 a. C.), cuando se fueron levantando altas murallas para protegerse de las incursiones de los países vecinos y de los nómadas de Mongolia. Sería con la unificación del país, cuando este conjunto fue ampliado y unificado hasta alcanzar su aspecto actual.

Se dice que en su construcción trabajaron, durante veinte años, un millón de personas, y que trescientas mild ellas perecieron por las duras condiciones de trabajo, siendo enterradas en la propia muralla.

Los obreros del general Meng utilizaron los materiales que tenían a mano, reforzando las murallas con piedras, ladrillos, bambú, madera o arena según los materiales predominantes en cada zona. A intervalos regulares se levantaban torres fortificadas (unas dos mil quinientas), que custodiaban los puntos más importantes y que mantenían entre ellas contacto visual para posibles avisos de incursiones. El paso de las gentes se realizaba a través de unas puertas abovedadas abiertas en los muros. Además, encontramos a lo largo de su trazado numerosos anexos, como cuarteles para las tropas, almacenes para el mantenimiento, viviendas para los funcionarios y demás dependencias para su mantenimiento y protección.

En definitiva, la Gran Muralla actual es una suma de numerosas murallas construidas y reconstruidas a lo largo de los siglos, hasta alcanzar su mayor apogeo con la dinastía

94

LA MURALLA CHINA, QUE ALCANZÓ EN OTROS TIEMPOS LOS SEIS MIL KILÓMETROS, ES UNA DE LAS CONSTRUCCIONES QUE MAYOR ASOMBRO CAUSA.

Ming (1368-1644), cuando se construyó, ya en piedra, el mayor tramo de muralla. En esta época alcanzó una longitud comparable a la distancia entre Kiev y San Petersburgo y adquirió el aspecto con el que ha llegado a nuestros días.

La otra gran construcción del emperador Qin Shihuang fue su propia tumba, considerada como el mausoleo más colosal jamás erigido en China. Situado a unos treinta kilómetros de la localidad de Xian, tenía forma piramidal, de cuarenta y seis metros de altura, y estaba camuflado como si de un monte se tratara. Fue descubierto en 1974, sacando a la luz todo un ejército formado por más de seis mil soldados esculpidos en terracota.

Tumba de Qin Shihuang

Miles de esculturas a tamaño natural guardan la tumba del emperador Qin Shihuang, próxima a Xian. Se trata del mausoleo más espectacular de todo el territorio chino.

Gran Muralla CHINA

CONSTRUIDA COMO LÍNEA DEFENSIVA FRENTE A LOS NÓMADAS DEL NORTE, la Gran Muralla China es la construcción humana más grande del mundo. Discurre a lo largo de casi seis mil kilómetros, desde el mar Amarillo, en las proximidades de Beijing, hasta la famosa Puerta de Jade de Jiayuguan, donde comienzan los desiertos de Asia central. Sin embargo, no es una construcción uniforme: las técnicas constructivas fueron evolucionando durante los más de mil ochocientos años que tardó en completarse y se introdujeron nuevos materiales (como el ladrillo, a partir de la dinastía Ming). Hoy en día ha perdido su carácter militar, pero permanece como una de las maravillas arquitectónicas del mundo, un ejemplo de la tenacidad y el ingenio de la raza humana.

LAS ATALAYAS

En el trazado de la muralla se encuentran alrededor de dos mil quinientas atalayas de vigilancia. Tienen planta cuadrada y la mayoría posee unas dimensiones de doce metros de lado por otros tantos de alto. La mayor separación existente entre dos atalayas es de diecisiete kilómetros.

EL IMPULSOR

Qin Shihuang fue el primer emperador de China, reinando entre los años 221 y 210 a. C. Fundador de la dinastía Qin, impulsó la construcción de la Gran Muralla tras unificar el territorio chino. Para ello, utilizó las estructuras de antiguas murallas, más pequeñas, construidas por gobernantes locales. La mayor parte de la mano de obra de esta primera etapa constructiva estaba formada por los hombres castigados por la dura represión que se impuso tras la victoria de este emperador. Muchos de ellos eran delincuentes que fueron reclutados por el ejército. Qin Shihuang ha pasado también a la posteridad por el ejército de guerreros de terracota encontrados en su tumba de Xian.

OTRAS CONSTRUCCIONES

Además de las torres y atalayas, la Gran Muralla albergaba templos y santuarios, casas de té y torres de reloj. La arquitectura de estas construcciones abandonaba su sentido defensivo para convertirse en verdaderas obras de arte.

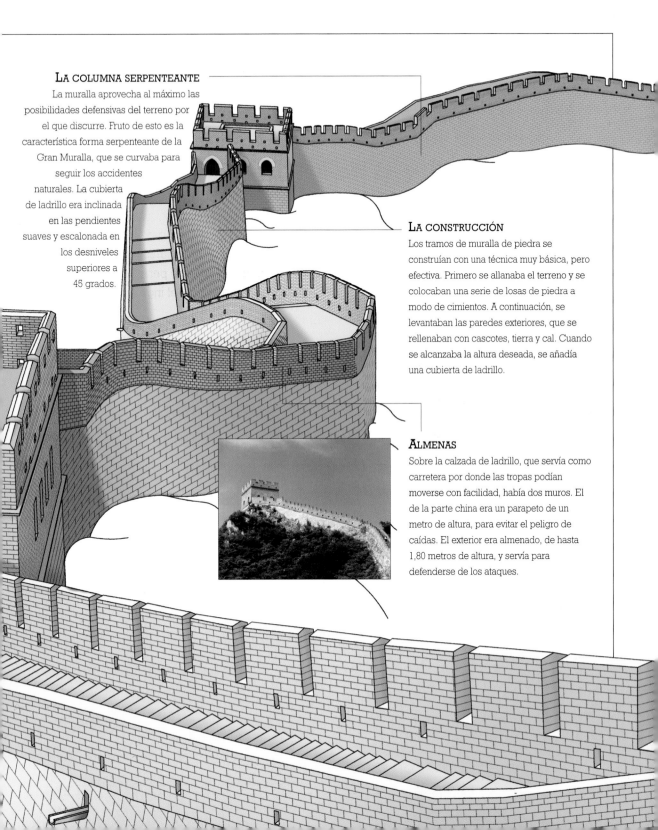

LA COLUMNA SERPENTEANTE

La muralla aprovecha al máximo las posibilidades defensivas del terreno por el que discurre. Fruto de esto es la característica forma serpenteante de la Gran Muralla, que se curvaba para seguir los accidentes naturales. La cubierta de ladrillo era inclinada en las pendientes suaves y escalonada en los desniveles superiores a 45 grados.

LA CONSTRUCCIÓN

Los tramos de muralla de piedra se construían con una técnica muy básica, pero efectiva. Primero se allanaba el terreno y se colocaban una serie de losas de piedra a modo de cimientos. A continuación, se levantaban las paredes exteriores, que se rellenaban con cascotes, tierra y cal. Cuando se alcanzaba la altura deseada, se añadía una cubierta de ladrillo.

ALMENAS

Sobre la calzada de ladrillo, que servía como carretera por donde las tropas podían moverse con facilidad, había dos muros. El de la parte china era un parapeto de un metro de altura, para evitar el peligro de caídas. El exterior era almenado, de hasta 1,80 metros de altura, y servía para defenderse de los ataques.

ARQUITECTURA DE LAS
Pagodas

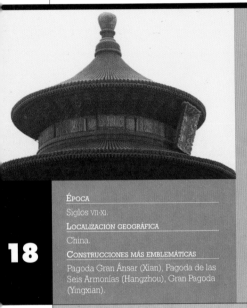

18

TRADICIONALMENTE SE HA CONSIDERADO la arquitectura del Extremo Oriente como distante y enigmática. Esto se debe, en parte, a la tradición fuertemente arraigada de construir en madera, material muy perecedero, pero que se adaptaba perfectamente a las necesidades de su arquitectura. La cantidad de madera existente permitió, en un principio, su uso en la mayoría de las construcciones. Así, será este material el elegido para la realización de las construcciones más características, consideradas por muchos como la quintaesencia de la arquitectura china: las pagodas.

A LA IZQUIERDA
Remate de la cúpula de la Pagoda azul.
PÁGINA SIGUIENTE ARRIBA
Remate de una pagoda en la ciudad de Jiantang.
PÁGINA SIGUIENTE ABAJO
Pagoda Gran Ánsar.

LAS PAGODAS, ELEMENTOS ARQUITECTÓNICOS PROPIOS DE ORIENTE, GUARDAN UNAS INTERESANTES MITOLOGÍAS Y LITERATURAS EN SUS CURIOSAS FORMAS.

Pagoda de las Seis Armonías
Gran Pagoda de Yingxian
Pagoda Gran Ansar

LA CANTIDAD DE MADERA EXISTENTE permitió, en un principio, su uso en la mayoría de construcciones. Por otra parte, este material había demostrado ser más resistente frente a los numerosos terremotos que asolaban continuamente el país y que hacían resquebrajarse los muros más sólidos.

Además, en el peor de los casos, estos edificios eran rápidamente reconstruidos, aprovechando sus propios materiales.

Será la madera, pues, el material elegido para la realización de una de las construcciones más características del Extremo Oriente y considerada, por muchos, la quintaesencia de la arquitectura china: las pagodas.

Mucho se ha hablado de cuál es el origen de esta construcción. Quizá la teoría más difundida es que fueran una evolución de los *stupas* indios o de los *sikhara* budistas.

Otros autores han querido ver en ellas una evolución de las torres vigía o las de agua de las tumbas Han. Sea cual sea su origen, lo que más llama la atención de las pagodas es, sobre todo, su verticalidad, en claro contraste con la horizontalidad predominante en el resto de la arquitectura china.

Normalmente, no estaban aisladas, sino que formaban parte de un recinto religioso. Las pagodas más primitivas estaban construidas completamente en madera, por lo que apenas nos han llegado vestigios de ellas. La pagoda de madera más antigua que se conserva es la de Yingxian (Shaanxi) del año 1056, de planta octogonal y con una altura de sesenta y siete metros.

ESTAS CONSTRUCCIONES SE ALZAN HACIA ARRIBA ADOPTANDO UNA POSICIÓN VERTICAL QUE NOS SORPRENDE ANTE LO HORIZONTAL DEL PAISAJE CHINO.

Posteriormente se empleó el ladrillo, como en la impresionate pagoda del Gran Ánsar (Xian) con una altura de sesenta y cuatro metros y unos muros de ladrillo gris que alcanzan los nueve metros de espesor en la parte baja.

La piedra será el último material que se introduzca en estas construcciones, destacando la pagoda de las Seis Armonías *(Liu Ho-t'a)*, construida en el siglo X, combinando piedra y madera y con una ingeniosa fachada que aparenta ser de trece pisos cuando, en realidad, tiene tan sólo siete. Originariamente, las pagodas eran santuarios o relicarios adscritos a monasterios budistas. Alojaban en su interior una imagen en la planta baja, mientras que los pisos superiores carecían de función y solían estar vacíos.

Otras veces la imagen era de gran tamaño y ocupaba varios pisos de altura, o se exhibían pequeñas imágenes situadas en las galerías de los pisos superiores.

La veneración de estas imágenes supuso también una modificación en el emplazamiento del edificio dentro del recinto religioso, pasando a ocupar una situación cada vez más privilegiada, hasta acabar ocupando la parte central del conjunto.

Santuarios

Esta clase de arquitectura oriental se inició con la intención de crear nuevos santuarios budistas. Albergaban obras artísticas en su interior y únicamente se hacía uso de la planta.

ARQUITECTURA
Ming

ÉPOCA
Siglos XV - XVII.
LOCALIZACIÓN GEOGRÁFICA
China.
CONSTRUCCIONES MÁS EMBLEMÁTICAS
Ciudad Prohibida de Beijing.

HASTA 1403, LA CAPITAL DE CHINA fue Nankin, pero en ese año el tercer emperador Ming, Yong (1403-1424), trasladó la capital a Beijing (Beijing fue el nombre dado por unos misioneros franceses a esta ciudad, tratando de transcribir el sonido de esta palabra en chino), donde se mantuvo durante la dinastía Ming (1368-1644) y la de los manchúes o dinastía Qing (1664-1911). El altísimo nivel de jerarquización del Estado se refleja en la disposición de la ciudad en cuatro anillos cuadrangulares, formados por otras tantas murallas que dividían la ciudad en cuatro recintos concéntricos, más inaccesibles cuanto más hacia el centro. En el corazón mismo estaba el lugar más restringido de todos, reservado tan sólo al emperador y a su séquito: la Ciudad Prohibida.

A LA IZQUIERDA
Entrada a la
Ciudad Prohibida.
PÁGINA SIGUIENTE
ARRIBA
Terrazas en el
interior de la
Ciudad Prohibida.
PÁGINA SIGUIENTE
ABAJO
Vista desde el
exterior de la
Ciudad Prohibida.

LA CIUDAD PROHIBIDA SE PUEDE VISITAR EN LA ACTUALIDAD ATRAVESANDO LA SORPRENDENTE PUERTA DE LA SUPREMA ARMONÍA.

Ciudad Prohibida de Beijing

LA NUEVA CAPITAL ESTABA SITUADA EN el extremo noreste de China y se levantó siguiendo una forma cuadrangular. Su disposición en forma de damero ya habría llamado la atención de Marco Polo durante su viaje. Ésta parece haber sido la norma general en las capitales chinas, en las que las vías principales se encuentran orientadas hacia los puntos cardinales.

La urbanización de la parte antigua de Beijing, tal como la conocemos hoy, es obra de la dinastía Ming. La ciudad se dividió en cuatro sectores cuadrados y concéntricos, separados por muros defensivos. El recinto más externo es el conocido como Ciudad Exterior o Ciudad China, por cuyo extremo sur se accede al interior a través de la puerta de la Pacificación Externa. Una larga avenida nos conduce a la puerta Sur, que da acceso al siguiente recinto, el conocido como Ciudad Interior. Por la Puerta de la Paz Celestial accedemos al tercer recinto o Ciudad Imperial. Esta puerta estaba reservada al paso del emperador o a personas autorizadas por él. El resto del personal y oficiales debían acceder por los laterales. Desde esta puerta la avenida continúa hasta la gran Puerta Meridiana o Wu Men, que da entrada al último recinto, el más sagrado e importante, conocido como la Ciudad Prohibida.

Por esta puerta, la más grande, se atraviesa una muralla de diez metros de altura, precedida de un foso de cincuenta metros de ancho que rodea todo el recinto. Una vez dentro, a través de la Vía Imperial, llegamos a la puerta de la Suprema Armonía, que da acceso al Palacio Imperial, dividido a su vez en dos recintos: el palacio Exterior, destinado a asuntos del Estado, y el palacio Interior, que era la residencia del emperador.

La Dinastía Ming supuso para Beijing una gran fuente dinamizadora e impulsora de proyectos, otorgándole un lugar de prestigio mundial.

Numerosos palacios y pabellones se levantan por cada uno de los recintos de la ciudad, siguiendo todos ellos la misma estructura: un gran pabellón en el centro y dos torres o pabellones de menor tamaño, siempre a pares y normalmente enfrentados. La importancia de los edificios se realza mediante el basamento monumental que actúa de terraza y que presenta distintos planos y perfiles. Suelen estar construidos en mármol, mientras que los pabellones son de madera. Los caracteres decorativos siempre son los mismos, con una armadura de madera y columnas que sustentan los techos salientes. Entre la variedad cromática de estos edificios destacan el blanco del mármol en terrazas, escaleras y basamentos, el rojo en la madera policromada y el amarillo imperial en las tejas y elementos decorativos de los edificios. A todo este esplendor hay que añadir que, con la dinastía Ming, se volvieron a recuperar las antiguas ceremonias religiosas. Resulta sobrecogedor imaginar al emperador, conocido como Hijo del Cielo, caminando con sus mejores galas por estos palacios desiertos (estaba prohibido mirar al emperador), u orando en silencio a sus dioses sobre una de las terrazas del palacio Interior, considerado como el «núcleo cósmico» de la ciudad.

Variedad cromática

Beijing es una ciudad que alberga otras tantas urbes en su interior. Su disposición urbanística y arquitectura nos permite vislumbrar una llamativa gama cromática, con colores como el rojo, el amarillo y el blanco.

103

En todo el conjunto destaca la variedad cromática que combina el blanco del mármol, el rojo de la madera policromada y el amarillo imperial.

LAS TENDENCIAS CHINAS HAN JUGADO EN LA HISTORIA DE LA ARQUITECTURA JAPONESA UN PAPEL DECISIVO.

LOS TEMPLOS SINTOÍSTAS SE caracterizaban por una sencillez tal que apenas se distinguían de las casas de los jefes de las aldeas. Reducidos a meras cabañas de madera y paja, son derribados y reconstruidos ritualmente cada veinte años siguiendo el mismo modelo arquitectónico.

Con la llegada, en los siglos VI y VII, del budismo procedente de China, llegaron también las construcciones arquitrabadas. Claro ejemplo de ello lo encontramos en Nara y Kyoto, verdaderas ciudades-museo. La inmensa mayoría de sus edificaciones han sufrido el paso del tiempo, por lo que su aspecto actual es el resultado de numerosas restauraciones. No obstante, podemos decir que a pesar de que en un principio adaptaban la tipología de las construcciones chinas, comenzaron pronto a introducir rasgos arquitectónicos distintivos, como los tejados en forma de tienda o estructurados en dos niveles a cuatro aguas.

En las primeras pagodas ya vemos un mayor refinamiento con respecto a las chinas, presentando unos tejados más esbeltos (normalmente en número de cinco) y unos aleros que sobresalen más

Castillos

Los castillos japoneses poseen una importante impronta derivada de los sucesivos enfrentamientos bélicos y los conocimientos de las artes militares legados por los portugueses en el siglo XVI.

ARQUITECTURA TRADICIONAL
Japonesa

ÉPOCA
siglos VI-XVI.
LOCALIZACIÓN GEOGRÁFICA
Japón.
CONSTRUCCIONES MÁS EMBLEMÁTICAS
Pagoda de Yakushiji (Nara), Pabellón del Fénix (Uji) y el Castillo de Himeji (Hyogo).

CUANDO MIRAMOS HACIA JAPÓN nos damos cuenta de que, desde el punto de vista formal, la arquitectura japonesa se vio muy influida por los métodos de construcción de la cultura china, llegada a mediados del siglo VI d. C. por mediación del budismo. Hasta entonces, en Japón se practicaba el sintoísmo o «camino de los dioses», religión animista que atribuye espiritualidad a la naturaleza. El emperador, considerado un ser semidivino, desciende de los dioses y entra en comunión con ellos durante la ceremonia de investidura. La tradición se mantuvo invariable hasta acabada la Segunda Guerra Mundial, cuando las fuerzas de ocupación aliadas obligaron al emperador Hiro Hito a renunciar a su condición divina.

A LA IZQUIERDA
Pagoda de Yakushiji.
PÁGINA ANTERIOR ARRIBA
Pabellón del Fénix.
PÁGINA ANTERIOR ABAJO
Residencia fortificada del Castillo de Himeji.

A PESAR DE LA IMPORTANTE INFLUENCIA DE LA VECINA CHINA, LAS PAGODAS JAPONESAS RESULTARON MUCHO MÁS ESTILIZADAS Y MODERNAS.

de dos metros de la fachada. Claros ejemplos de estas variaciones los encontramos en las pagodas de Nara, capital del imperio japonés durante casi todo el siglo VIII. La pagoda de Yakushiji (680 d. C.) presenta tres tejados en vez de cinco, con tres alpendes o cubiertas intermedias. El coronamiento también varía con la introducción de un florón u *hosho* muy esbelto, que hace que la pagoda alcance mayor altura (ciento tres metros en este caso).

En el año 794 la capitalidad pasó a Kyoto, que mantuvo esta condición hasta 1868, por lo que encontramos aquí lo mejor del periodo de madurez de la arquitectura japonesa. Quizá una de las construcciones más destacadas la encontramos al sur de esta ciudad, en la localidad de Uji, donde se levantó el templo budista de Byodoin, del siglo X, del cual tan sólo se mantienen en pie un pabellón, un campanario y el fascinante Pabellón del Fénix o *Ho-o-do*. Su planta representa a esta ave posándose en el suelo, con las alas abiertas. Destacan la riquísima decoración en oro, plata, laca y nácar, y las numerosas tallas realizadas por el gran Jocho, uno de los grandes escultores japoneses del siglo XI.

Con la llegada de los portugueses a Japón en el siglo XVI, éstos introdujeron sus conocimientos en materia de ingeniería militar y armas de fuego, dejando una profunda huella en los castillos a partir de entonces. Se trata de las únicas construcciones de gran tamaño y de piedra que han pervivido del antiguo Japón.

Formados por la superposición de pisos, presentan muros macizos de piedra, grandes pedestales de mampostería en talud y gruesas paredes pintadas de blanco. Tan sólo los aleros curvos y los nostálgicos hastiales nos recuerdan a la arquitectura tradicional japonesa. Una de las más impresionantes residencias fortificadas la encontramos en Hyogo, con el castillo de Himeji, del siglo XVI.

ARQUITECTURA
Bizantina

ÉPOCA
Siglos VI-VII.

LOCALIZACIÓN GEOGRÁFICA
Turquía, Italia.

CONSTRUCCIONES MÁS EMBLEMÁTICAS
Santa Sofía de Constantinopla, iglesias de Sergio y Baco de Constantinopla y San Vital de Rávena.

EL EMPERADOR romano Constantino I el Grande ordenó en el año 330 d. C. reconstruir Bizancio, dándole el nombre de Constantinopla y fijando allí la capital del Imperio Romano de Oriente. La ciudad comenzó entonces un progresivo crecimiento, debido a la llegada de distinguidas familias que se establecieron en torno al emperador. Con el siglo VI d. C. y la llegada de Justiniano al poder (527-565), se alcanzó la edad de oro del arte bizantino. La basílica de Santa Sofía fue su obra cumbre. Con su inusual planta centralizada, la construcción de la majestuosa cúpula que la cubre supuso la mayor innovación arquitectónica de su época, logrando que, pese a su enorme tamaño, «pareciera flotar en el aire», según un cronista de la época.

A LA IZQUIERDA
Detalle de las cúpulas de Santa Sofía de Constantinopla.
PÁGINA SIGUIENTE ARRIBA
Vista general de Santa Sofía de Constantinopla.
PÁGINA SIGUIENTE ABAJO
Mosaicos bizantinos en San Vital de Rávena.

EL SIGLO VI DE NUESTRA ERA RESULTÓ LA ÉPOCA DORADA DE TODO EL ARTE Y LA ARQUITECTURA BIZANTINA.

ENTRE LOS PRINCIPALES proyectos de reconstrucción y embellecimiento de Constantinopla, destaca la reconstrucción de su principal templo, la primitiva basílica de Santa Sofía, destruida por un incendio. Se contrató para ello a los arquitectos más destacados de la época: Antemio de Tralles e Isidoro de Mileto el Viejo, quienes consiguieron acabarla en apenas cinco años. La planta responde a un diseño poco común, ya que, pese a ser originalmente basilical, adoptó luego una planta centralizada, parece ser que por un capricho expreso del propio emperador.

El elemento central de la basílica es la cúpula, de treintaiún metros de diámetro y sesenta y cinco de altura, realizada de forma que «parece suspendida en el aire», como afirmó el cronista Procopio de Cesárea. Sostenida por pilares de piedra de gran solidez, la cúpula, de perfil gallonado, está surcada por cuarenta nervios. Pese a la inmensidad de su masa, el empleo de ladrillos en la plementería e impostas de las bóvedas permitió realizar unas cubiertas de extremada delgadez y ligereza. Los empujes longitudinales se resuelven mediante el uso de semicúpulas que van rebajando las cargas. El interior se divide en tres naves y presenta un ábside con exedras que enmarcan la entrada, precedida de un doble nártex o atrio. La decoración de mosaicos del interior nos presenta a los emperadores y emperatrices con la sacralidad que proporcionan las teselas doradas y el juego lumínico de sus reflejos.

También del primer tercio del siglo VI es la iglesia de los Santos Sergio y Baco (527-536 d. C.). Presenta una planta central cubierta por una cúpula gallonada sobre ocho pilares. La nave central adquiere forma de oc-

tógono. Entre las arcadas de pilares, los muros que se dirigen hacia la galería cuadrada circundante se diluyen por columnas con arquitrabes y arcadas en la galería alta. Para su construcción se emplearon el ladrillo, mortero e hileras de piedra. Mucho debió de impresionar esta iglesia al obispo Ecclesio de Rávena, ya que, tras regresar a la ciudad italiana de un viaje a Constantinopla, comenzó la construcción de la iglesia de San Vital (547 d. C.) a imagen y semejanza de la bizantina. Síntesis de modelos orientales y tradiciones locales, San Vital se convirtió en la más ambiciosa de Rávena. Está formada por un espacio central octogonal cubierto con una cúpula y delimitado por ocho gruesos pilares unidos mediante galería de arcos de medio punto. Presenta un deambulatorio para distribuir el espacio, con una tribuna por encima de él. El presbiterio se sitúa en el lado oriental, de forma cuadrada y con el ábside atravesando la zona del deambulatorio y la tribuna. En el lado occidental se encuentra el nártex rectangular, con ábsides en ambos extremos, dispuesto en posición oblicua, y que permite la colocación de dos torretas, en una de las cuales se encuentra ubicado el campanario, y en la otra, la escalera que da acceso al gineceo, reservado a las mujeres.

Rávena

La iglesia de San Vital de Rávena, de tiempos de Justiniano, fue un ambicioso proyecto del obispo Ecclesio, quien impulsó su construcción tras visitar el templo de los santos Sergio y Baco en Constantinopla.

ARQUITECTURA
Omeya

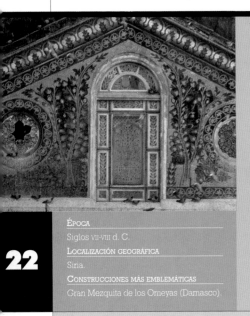

LA DINASTÍA OMEYA (661-750 D. C.) estableció la capital de su imperio en Damasco, en detrimento de Medina. El territorio islámico se extendía entonces desde Damasco (Siria) hasta España. Durante los cien años que duró esta dinastía, los omeyas consiguieron consolidar los cimientos de la civilización musulmana. La Gran Mezquita de los omeyas es la culminación del arte en este periodo y el modelo a seguir en las futuras mezquitas que se construyeron. La Gran Mezquita de Damasco sigue el modelo de la de Medina, pero difiere de ésta en la monumentalidad de su construcción.

A LA IZQUIERDA
Detalle de la decoración de la Gran Mezquita de los Omeyas.
PÁGINA SIGUIENTE ARRIBA
Puerta de acceso a la Gran Mezquita.
PÁGINA SIGUIENTE ABAJO
Interior del recinto de la Gran Mezquita de los Omeyas.

ÉPOCA
Siglos VII-VIII d. C.
LOCALIZACIÓN GEOGRÁFICA
Siria.
CONSTRUCCIONES MÁS EMBLEMÁTICAS
Gran Mezquita de los Omeyas (Damasco).

22

LA MEZQUITA, COMO LUGAR DE ORACIÓN, OCUPA EL LUGAR CENTRAL DE LA ARQUITECTURA ISLÁMICA.

Gran Mezquita de Damasco

HACIA EL AÑO 706, EL CALIFA OMEYA AL-WALID levantó la gran Mezquita de los Omeyas en Damasco, traduciendo el modelo de la antigua mezquita de Medina a formas monumentales. Puede considerarse como la primera en la que se configura el tipo clásico de mezquita, sirviendo de prototipo de muchas otras construidas en diversas partes del mundo islámico.

Levantada sobre los cimientos de una basílica tardorromana del siglo IV, la mezquita creció aprovechando la planta rectangular y las tres naves para el *haram* o sala de oraciones. Las tres naves, de idéntica altura y anchura, se separan por columnas y discurren paralelas al muro meridional o *qibla*, orientado a la meca. En este muro se sitúa la zona más sagrada de la mezquita: el *mihrab*, que señala la dirección de la Kaaba, santuario principal del islam. Junto a él se levanta el *minbar* o cátedra de predicación, construida originalmente en madera labrada y sustituida por una de mármol, imitando la marquetería de la madera. A lo largo de la *qibla* se pueden abrir varios *mihrab* secundarios más pequeños, siendo el principal el que da a la nave axial, perpendicular a la *qibla*, más ancha y rematada con la cúpula del Águila sobre tambor octogonal. Bajo ella se encuentra la *maqsura*, espacio reservado para el califa.

En el exterior encontramos el *shan* o patio rectangular, con tres lados porticados de dos plantas y con una fachada con gran frontón que recuerda, seguramente, a la entrada de la primitiva fachada de la basílica. En el patio se encuentra la fuente para las abluciones rituales previas a la oración y un curioso templete octogonal cubierto con cúpula, que conservaba los bienes de la comunidad musulmana.

La mezquita de Damasco fue también la primera que contó con más de un mina-

LA CONSTRUCCIÓN DE LA MAJESTUOSA Y ESPECTACULAR MEZQUITA DE LOS OMEYA TUVO LUGAR EN EL SIGLO VIII, BAJO EL CALIFATO DE AL-WALID.

rete. En un principio se construían de planta cuadrada, ya que estaban inspirados en las torres de las iglesias cristianas, aunque con una decoración claramente musulmana. Desde lo alto de estos alminares o minaretes los almuédanos llaman a los fieles a la oración cinco veces al día.

Pionera y modelo de muchas mezquitas islámicas, la Gran Mezquita de los omeyas de Damasco presume de poseer entre sus reliquias la cabeza de san Juan Bautista y, según la tradición, el día del Juicio Final Jesús aparecerá en lo alto de uno de sus minaretes, llamado, por este motivo, minarete de Jesús.

Mezquita de Damasco

Puede considerarse como la primera en la que se configura el tipo clásico de mezquita, sirviendo de prototipo de muchas otras construidas en diversas partes del mundo islámico.

23

RODEADA POR UNA MURALLA, LA PLANTA URBANÍSTICA DE LA VIEJA JERUSALÉN SE DIVIDE CLARAMENTE EN CUATRO BARRIOS.

Cúpula de la Roca

La Cúpula de la Roca o Mezquita de Omar se levantó durante el gobierno del califa omeya Abd al Malik. Su inmensa cúpula dorada y su magnificencia destacan aún más el edificio, por encontrarse rodeado de bajas casas de piedra gris.

Mezquita Al-Aqsà
Cúpula de la Roca
Templo Santo Sepulcro
Muro de las Lamentaciones

POR SUS CALLES PASEARON triunfantes las tropas babilónicas de Nabucodonosor II, las persas de Ciro II, las macedónicas de Alejandro Magno, las romanas de Herodes el Grande y Adriano. Bizantinos, turcos, cruzados, mamelucos y otomanos completan los sucesivos conquistadores de la que, paradójicamente, se conoce como «ciudad de la paz».

Rodeada por la muralla de cuatro kilómetros de Solimán I (1537), la planta urbanística de la vieja Jerusalén se divide claramente en cuatro barrios (musulmán, cristiano, judío y armenio), siguiendo la primitiva distribución romana de la ciudad mediante el *cardus* y el *decumanus*.

El barrio cristiano se articula en torno a la iglesia del Santo Sepulcro, construida originalmente por el emperador Constantino en el 325, cuando, tras su conversión al cristianismo, destruyó numerosos edificios romanos para embellecer la ciudad con iglesias cristianas. Reconstruida en el siglo XI por los cruzados, para muchos es el lugar cristiano más importante en Tierra Santa, ya que, según la tradición, esta igle-

ARQUITECTURA DE
Jerusalén

ÉPOCA

Siglos VII-VIII d. C.

LOCALIZACIÓN GEOGRÁFICA

Israel.

CONSTRUCCIONES MÁS EMBLEMÁTICAS

Cúpula de la Roca, Santo Sepulcro y mezquita de Al-Aqsa.

UNA RAMA DE LOS CANANEOS, originarios de la tierra de Canaán (actual Palestina), fundaron en el 3500 a. C. la ciudad de Salem (posterior Jerusalén). Hacia el año 1000 a. C. fue conquistada por David, quien se proclamó rey de los israelitas y fundó el reino de Judea. Su hijo Salomón heredó en el 970 a. C. un gran imperio que se extendía desde el Nilo hasta el Éufrates. Durante su reinado, la ciudad fue el centro religioso y administrativo de este imperio. Considerada ciudad santa por judíos, cristianos y musulmanes, la ciudad alberga los monumentos más emblemáticos para las tres confesiones: el templo de Salomón, la iglesia del Santo Sepulcro y la Cúpula de la Roca.

A LA IZQUIERDA
Muro de las Lamentaciones, lugar de peregrinación de los judíos.
PÁGINA ANTERIOR ARRIBA
Fieles en la Cúpula de la Roca o mezquita de Omar.
PÁGINA ANTERIOR ABAJO
Interior de la Cúpula de la Roca.

LA CIUDAD DE JERUSALÉN EXPERIMENTÓ UNA URBANIZACIÓN IMPORTANTE GRACIAS A LA INTERVENCIÓN OTOMANA.

sia se edificó sobre el Gólgota, el lugar donde se crucificó y enterró a Cristo. El edificio actual está formado por los restos de una gran basílica con crucero del siglo IV, a la que se añadió en su fachada sur un *martyrium* conmemorativo.

A mitad de camino entre el barrio judío y el musulmán se levanta el monumento más antiguo del islam: la mezquita de Omar o Cúpula de la Roca, mandada construir por el califa omeya Abd al Malik (685-705). Fue construida en la explanada donde estuvo el templo de Salomón (del cual sólo queda el conocido como Muro de las Lamentaciones) y donde estaba la roca en la que

Abraham (de quien los musulmanes afirman descender) iba a sacrificar a su hijo Isaac.

El edificio, de planta octogonal con doble deambulatorio, se levanta alrededor de esta reliquia, permitiendo contemplarla desde cualquier ángulo. Remata el espacio central la cúpula sobre tambor, realizada en madera y revestida por una capa de plomo y cobre que envuelve una segunda cúpula interior, decorada con mosaicos de oro y cristal de tradición bizantina.

A raíz de continuas remodelaciones y restauraciones, la cúpula de la Roca acumuló

una amalgama de elementos pertenecientes a distintos estilos, que le confieren una imagen poco usual dentro de la arquitectura islámica.

En el mismo recinto de la Explanada de las Mezquitas, se levantó la de Al-Aqsa, reconstruida posteriormente por la dinastía de los abasíes y por los cruzados, en el siglo XII. Actualmente presenta siete naves paralelas a la *qibla,* con la nave central más ancha y una gran cúpula. Los techos descansan sobre pilares, combinados con otros elementos de sustentación de época omeya, pilares de mármol de Carrara y columnas románicas.

Arquitectura de las
Cruzadas

ÉPOCA
Siglos XI-XIII.
LOCALIZACIÓN GEOGRÁFICA
Líbano.
CONSTRUCCIONES MÁS EMBLEMÁTICAS
Castillo Crack de los Caballeros.

24

L A ORDEN MILITAR del Hospital de San Juan tiene sus raíces en la casa-hospital fundada en el año 1084 en la ciudad de Jerusalén para atender a los peregrinos cristianos que visitaban Palestina. El Crack de los Caballeros era uno de los veinticinco castillos que poseía esta orden en época de las cruzadas. Dominaba la única vía de acceso desde la costa mediterránea al interior de Siria, controlando de esta manera el acceso musulmán a ciudades tan importantes como Trípoli (en el actual Líbano) o Tartus (Siria). La fortaleza era inexpugnable; incluso disponía de recursos suficientes para resistir un asedio de cinco años.

A LA IZQUIERDA
Murallas exteriores del castillo Crack de los Caballeros.
PÁGINA SIGUIENTE ARRIBA
El castillo Crack de los Caballeros corona la ciudad.
PÁGINA SIGUIENTE ABAJO
Arco apuntado en una de las zonas del castillo.

LA ORDEN DE LOS HOSPITALARIOS DEFENDÍA EL CRACK DE LOS CABALLEROS, UN CASTILLO-FORTALEZA.

EL INESTIMABLE VALOR ESTRATÉGICO de este lugar, le había llevado a ser ocupado desde el año 1090 por guarniciones de soldados kurdos. En 1142 pasó a manos de los caballeros de la orden del Hospital. Sometido a continuos ataques musulmanes, en poco más de cien años fue sitiado hasta en doce ocasiones. En 1291 el sultán mameluco Baybars I logró finalmente hacerse con el control del castillo.

Levantado en dos etapas, en la primera se alzaron los muros exteriores y el núcleo interior, formado por pequeñas construcciones. Tras el devastador terremoto de 1202, quedó muy dañado y se procedió a una profunda reestructuración, que le dio el aspecto que conserva en la actualidad.

Sobre una superficie de cerca de tres hectáreas se levanta el conjunto de fortificaciones. Presenta planta trapezoidal y está rodeado de un doble cinturón de murallas reforzadas por trece torres y separadas por un foso. Las torres alcanzan una altura de diez metros y presentan elementos defensivos como matacanes y saeteras coronadas por almenas. El interior se estructura en torno a un patio central, desde el cual se accede a las dependencias más importantes. Una galería cubierta con una bóveda de crucería y cinco ventanales apuntados da acceso a la gran sala del castillo. Realizada a mediados del siglo XIII, ya evidencia influencias del gótico francés, en perfecta armonía con elementos decorativos de influencia asiria.

También desde el patio se accede a la capilla del castillo. Esta capilla presenta una única nave, la cual se halla cubierta con bóveda de cañón. Fue realizada en torno al siglo XIII en estilo románico, aun-

LA FORTALEZA ESTÁ FORMADA POR UN DOBLE CINTURÓN DE MURALLAS.

que dejando ver ya elementos de tradición gótica.

Otras dependencias, como el refectorio, el almacén de víveres y las habitaciones privadas, se van estructurando en torno al patio. Destaca en el segundo piso de la torre el llamado Aposento del Maestre, fechado en 1240. Presenta una curiosa planta circular cubierta por una cúpula semiesférica que descansa sobre una bóveda de crucería. Ésta se halla sustentada por cuatro columnas, decoradas con motivos vegetales. La iluminación llega a través de dos ventanas, una rectangular y otra ojival.

La posibilidad de rendir la fortaleza mediante asedio también resultaba inútil, ya que poseía un gran almacén de ciento veinte metros de largo, almacenes adicionales excavados en el acantilado, un pozo de veintisiete metros de profundidad, nueve cisternas, un molino de viento, un horno, prensas de vino y aceite y demás servicios, que hubieran permitido soportar un asedio durante unos cinco años.

Además de los castillos de esta orden, se levantaron en los territorios de Líbano, Siria y Jordania numerosas fortalezas que protegían los dominios de los señores cristianos.

Grandes reservas

Toda una serie de elementos arquitectónicos hacían las veces de magníficas herramientas de protección ante cualquier asedio, tanto a las ciudades como a las propias fortificaciones.

Crack DE LOS CABALLEROS

ESTE IMPONENTE CASTILLO, SITUADO SOBRE UNA COLINA QUE DOMINA un fértil valle de la actual Siria, fue el cuartel general de los Caballeros Hospitalarios desde 1142 hasta 1271. Es la principal fortaleza de los cruzados en Tierra Santa y jamás fue conquistado por las armas. Formaba parte de un entramado defensivo creado con el objeto de proteger los dominios de los nuevos estados que habían surgido tras la primera cruzada (1099), impulsada por el papa Urbano II. La palabra *crack* es una corrupción lingüística del árabe *kerak*, que significa «fortaleza».

MURALLA EXTERIOR

El castillo está formado por dos círculos concéntricos de murallas, jalonados por una sucesión de torres. El más exterior de estos círculos, de muros más bajos, tenía por objeto evitar ataques por sorpresa y mantener alejadas del centro de la fortaleza a las máquinas de asedio de los enemigos.

LA TOMA DEL CRACK

En 1271 el sultán Baybars sitió el castillo y consiguió traspasar la primera línea de murallas, pero no la fortaleza interior, que se le resistía. Lo que no consiguió con las armas lo hizo con una estratagema: remitió a la guarnición una carta falsa, supuestamente firmada por el conde de Trípoli, en la que ordenaba la rendición: los caballeros abandonaron así para siempre la fortaleza inexpugnable.

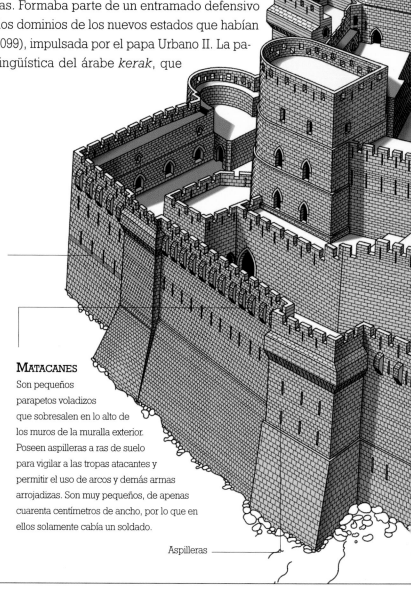

MATACANES

Son pequeños parapetos voladizos que sobresalen en lo alto de los muros de la muralla exterior. Poseen aspilleras a ras de suelo para vigilar a las tropas atacantes y permitir el uso de arcos y demás armas arrojadizas. Son muy pequeños, de apenas cuarenta centímetros de ancho, por lo que en ellos solamente cabía un soldado.

Aspilleras

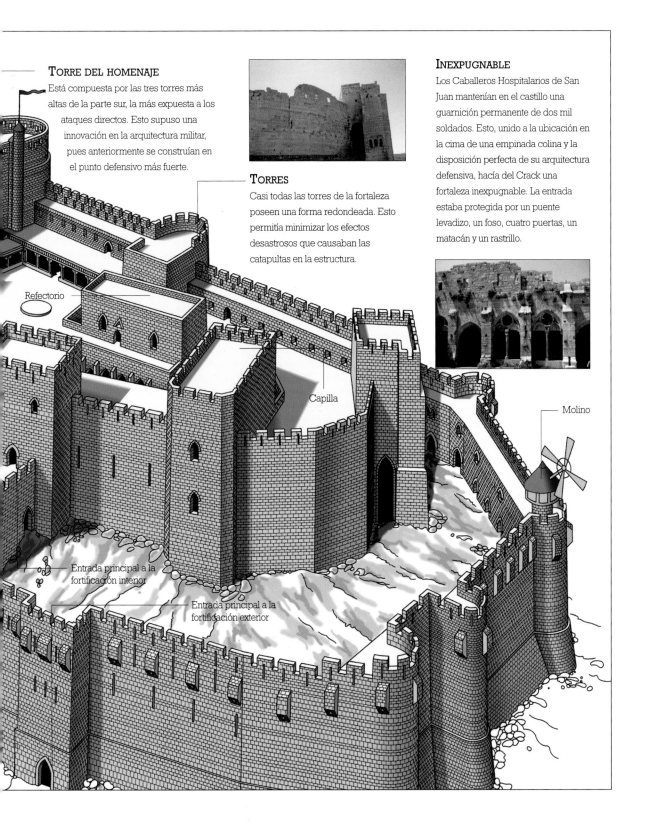

TORRE DEL HOMENAJE

Está compuesta por las tres torres más altas de la parte sur, la más expuesta a los ataques directos. Esto supuso una innovación en la arquitectura militar, pues anteriormente se construían en el punto defensivo más fuerte.

TORRES

Casi todas las torres de la fortaleza poseen una forma redondeada. Esto permitía minimizar los efectos desastrosos que causaban las catapultas en la estructura.

INEXPUGNABLE

Los Caballeros Hospitalarios de San Juan mantenían en el castillo una guarnición permanente de dos mil soldados. Esto, unido a la ubicación en la cima de una empinada colina y la disposición perfecta de su arquitectura defensiva, hacía del Crack una fortaleza inexpugnable. La entrada estaba protegida por un puente levadizo, un foso, cuatro puertas, un matacán y un rastrillo.

Refectorio

Capilla

Molino

Entrada principal a la
fortificación interior

Entrada principal a la
fortificación exterior

25

TAN MISTERIOSO COMO MÍSTICO SE PRESENTA EL TERRITORIO QUE PERTENECIÓ AL ANTIGUO Y MÍTICO REINO DE SABA.

Shibam

Sus características construcciones, edificios de asombrosa altura, configuran una ciudad que bien podría pasar por la Manhattan del desierto. Shibam es un lugar de antiquísimas costumbres, repleto de templos y mezquitas que evidencian su tradición religiosa.

SANÁ TIENE UN ORIGEN BÍBLICO, pues se dice que fue fundada por Sem, hijo de Noé. Sin embargo, los primeros indicios de su existencia datan del siglo I a. C. Fue dos veces conquistada por los persas y por los abisinios, pero no fue hasta el siglo VII cuando la ciudad alcanzó su apogeo, tras ser ocupada por el califato musulmán en el 628.

La arquitectura yemení queda reflejada aquí en el uso en las viviendas de la piedra y el ladrillo cocido al sol. Durante mil quinientos años, las viviendas se han ido reconstruyendo y edificando con los mismos materiales y los mismos patrones. Como norma general, la parte baja de las viviendas está destinada a los corrales para animales, mientras que las plantas superiores se destinan a las habitaciones privadas y a diferentes estancias. La parte más alta se destinaba a las reuniones de los varones de la familia.

Llamada a veces «el Manhattan del desierto», Shibam es todo un prodigio de la arquitectura. En apenas medio kilómetro cuadrado se levantan casi quinientos edificios, contruidos con ladrillos de

ARQUITECTURA DEL
Reino de Saba

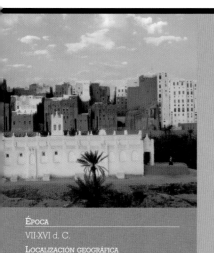

ÉPOCA
VII-XVI d. C.
LOCALIZACIÓN GEOGRÁFICA
Yemen.
CONSTRUCCIONES MÁS EMBLEMÁTICAS
Ciudades de Shibam, Zabid y Saná.

EN LA ANTIGÜEDAD, estos territorios formaban parte del legendario Reino de Saba, que controlaba el paso por estas tierras de la ruta de incienso, especias, seda, oro y otros productos que se extendía entre India, África, Oriente Medio y el Mediterráneo. Posteriormente, a esta zona se la conoció como la Arabia Felix (Feliz) y en la actualidad nos presenta unas ciudades paradas en el tiempo, imagen fidedigna de sus años de apogeo. Llamada a veces «el Manhattan del desierto», la ciudad de Shibam es todo un prodigio de la arquitectura. En apenas medio kilómetro cuadrado se alzan casi quinientos edificios, construidos con ladrillos de adobe que alcanzan, con sus siete u ocho plantas, hasta treinta metros de altura.

EL ADOBE ES UNO DE LOS ELEMENTOS MÁS HABITUALES UTILIZADOS PARA LAS CONSTRUCCIONES YEMENÍES.

adobe que alcanzan, con sus siete u ocho plantas, hasta treinta metros de altura. Los cimientos de estos edificios son de piedra; el resto, de ladrillos de adobe que se adaptan perfectamente a las condiciones climáticas de la zona. El color ocre del adobe contrasta con el empleo de alabastro blanco en los edificios altos y con las cenefas y calados de las ventanas hechos con madera.

Los antiguos palacios del sultán, la doble puerta monumental que da acceso a la ciudad y las cinco mezquitas que se alzan en ella emplean las mismas técnicas y materiales. Un verdadero alarde cons-

tructivo de unos artesanos que se vanagloriaban de que no hubiese dos ventanas iguales en toda la ciudad.

Otra ciudad destacable de esta región es Zaid, fundada en el año 631 y engrandecida por el gobernador del califa de Bagdag, Ibn Ziyad, en el año 820. Será entonces cuando la ciudad desarrolle un plan urbanístico imparable, que la llevó a adquirir la capitalidad de Yemen en el año 1230.

Su arquitectura ha dado nombre a un estilo, el tihama, caracterizado por edificios de ladrillos de barro con decoraciones

encaladas de motivos geométricos. La mayoría de las viviendas presentan bellísimos patios interiores.

Zabid fue de gran importancia para el mundo árabe y musulmán durante muchos siglos, debido a su Universidad Islámica, que convirtió a la ciudad en un prestigioso centro cultural. Numerosas mezquitas se extienden por la ciudad (en la actualidad cerca de ochenta), algunas tan destacadas como la Gran Mezquita o la mezquita de Ashair. La peculiar madraza de al-Fatiniyah destaca por su cubierta de bóveda de cañón, poco común en este tipo de construcciones.

ARQUITECTURA DE
Palmira

ÉPOCA

Siglos I a. C - III d. C.

LOCALIZACIÓN GEOGRÁFICA

Siria.

CONSTRUCCIONES MÁS EMBLEMÁTICAS

Restos de Templo de Baal, Tetrapilon y teatro romano.

26

LAS ANTIGUAS CARAVANAS comerciales que viajaban por la Ruta de la Seda seguían el curso del Éufrates hasta llegar a ciudades como Antioquía. Durante la época de la *Pax Romana*, en tiempos de Augusto (61 a. C.-14 d. C.), estas rutas se desplazaron hacia el sur en busca de nuevos compradores, alcanzando de esta manera los puertos de Líbano, Palestina y Egipto. Una de las ciudades que se beneficiaron de esta nueva ruta fue Palmira, un oasis de palmeras en mitad del desierto sirio, que se convirtió en punto de confluencia del mundo grecorromano, mesopotámico y persa.

A LA IZQUIERDA
Restos de columnas en la gran avenida de Palmira.
PÁGINA SIGUIENTE ARRIBA
Restos del templo de Bel en Palmira.
PÁGINA SIGUIENTE ABAJO
Restos de la ciudad de Palmira.

COLONIA ROMANA EN EL SIGLO III, PALMIRA ALCANZÓ SU MAYOR APOGEO GRACIAS A SU EMPLAZAMIENTO DENTRO DEL RUTA DE LA SEDA.

Templo de Baal
Teatro romano
Ciudad de Palmira

LAS RUINAS QUE SE CONSERVAN EN LA ACTUALIDAD cubren un área aproximada de cincuenta hectáreas y no revelan una distribución romana en torno al *cardus* y *decumanus*, sino que se extienden más o menos caóticas en torno al eje principal que forma una gran avenida, flanqueada por columnas y dominada por un enorme arco monumental.

Más allá de este arco, se encuentra el gran templo del dios Baal, del siglo I d. C. De planta rectangular, estaba formado por dos celdas porticadas, por las que se accedía a un patio central. El templo estaba rodeado por una columnata doble en tres de sus cuatro lados. La escalinata de acceso completaba el conjunto. Todo el recinto se encontraba rodeado por un muro de quince metros de altura.

En el centro de la ciudad se encontraban una serie de edificios públicos, entre los que destaca el templo de Nabú, de los más antiguos de Palmira (I a. C.), aunque luego fue reconstruido.

La época de mayor esplendor de la ciudad llegó a comienzos del siglo III d. C., cuando obtuvo el rango de colonia romana. Se levantaron entonces los más importantes edificios romanos de la ciudad, como las termas, que reconstruían, a menor escala, las construidas por Trajano en Roma.

El teatro de Palmira también reproducía fielmente el modelo romano y se decoraba con estatuas y retratos de emperadores romanos. Por último, como buena colonia romana que era, Palmira contaba con una excepcional ágora, formada por cuatro pórticos que rodeaban un patio central. Entre las construcciones destaca el Tetrapilon, formado por una plataforma cuadrada con cuatro pedestales cúbicos, que sustentaban, a su vez, cuatro colum-

El templo de Nabú es una de las construcciones más relevantes de la arquitectura de Palmira. Rendía culto al dios de los oráculos.

nas jónicas que, a modo de pedestal, sostenían cuatro estatuas colosales, desaparecidas hoy en día. Todo parece indicar que una de esas estatuas colosales era de la gran reina Zenobia.

La reina Zenobia, que era conocida como la Cleopatra de Siria, no dudó en enfrentarse a los romanos, consiguiendo arrebatarles parte de Anatolia y Egipto en el 270 d. C. Poco tiempo después, el emperador Aureliano las recuperó y, una vez capturada Zenobia, la exhibió como su prisionera en su desfile triunfal. La ciudad de Palmira fue reducida a ruinas y ya no recuperó nunca más el esplendor de aquellos años.

Urbanismo

Un auténtico paisaje de novela envuelve a la legendaria Palmira, una ciudad que todavía hoy conserva su espíritu a pesar de las ruinas fantasmales que se extienden en la planicie siria.

ARQUITECTURA DE LA
Ruta de la Seda

L A RUTA DE LA SEDA era una antigua ruta comercial que unía China con la Roma imperial. Sus orígenes datan del siglo II a. C., pero con propósitos más políticos que comerciales. Más tarde se convirtió en la principal ruta comercial de la Antigüedad, perviviendo durante siglos y alcanzando su mayor apogeo en el siglo VIII y, posteriormente, con las conquistas mongoles del siglo XIII. Samarcanda y Bujara fueron las principales ciudades que se alzaron como importantes escalas en esta ruta, como atestiguan sus edificios destinados al descanso de los comerciantes y al almacenado de mercancías.

A LA IZQUIERDA
Murallas exteriores de la madraza en el *registán* de Samarcanda.
PÁGINA SIGUIENTE ARRIBA
Vista nocturna del *registán* de Samarcanda.
PÁGINA SIGUIENTE ABAJO
Madraza de Mir-i-arab en Bujara.

ÉPOCA
Siglos XIV-XVI.
LOCALIZACIÓN GEOGRÁFICA
Uzbekistán.
CONSTRUCCIONES MÁS EMBLEMÁTICAS
Registán de Samarcanda, Mezquita de Kalyan (Bujara).

LA ACTIVIDAD COMERCIAL ADQUIRIÓ UN FLUJO ESPECTACULAR A TRAVÉS DE LA ANTIGUA Y PRESTIGIOSA RUTA DE LA SEDA.

SE LA CONOCE CON ESTE NOMBRE porque la seda era la mercancía más preciada que circulaba por ella. Era una ruta de caravanas y comerciantes, pero también de hombres armados y bandoleros, en busca de suculentos botines. Pero, sobre todo, fue una ruta de contactos entre civilizaciones, que produjo un intercambio cultural de proporciones insospechadas.

A su paso por Asia central, la Ruta de la Seda recorría en los siglos XIV y XV

amplios territorios del imperio de Tamerlán o Timur Lang (1336-1405), que se proclamó restaurador del Imperio Mongol. Entre sus ciudades más importantes destacan Bujara y Samarcanda, la capital. Estas ciudades eran escalas de la Ruta de la Seda y activos centros comerciales. En ellas se desarrolló una arquitectura específica destinada al descanso de los comerciantes y con almacenes para las mercancías. Dos construcciones representativas son los bazares y el *caravasar* o albergue.

El caravasar se articula en torno a un patio que incluye en ocasiones un templete

en el centro para la oración. La estructura arquitectónica se adaptó a las condiciones climáticas de la zona, realizando salas cerradas y un espacio central iluminado y ventilado. Entre los caravasares más importantes destaca el de Robat Sharaf, del siglo XI, que presenta un doble patio.

En cuanto a la arquitectura religiosa, Samarcanda y Bujara alcanzaron su apogeo en épocas distintas, pero las características de sus monumentos son muy similares. En ambas ciudades se desarrolló la arquitectura timurí, caracterizada por su monumentalidad y por su cúpula bulbosa. La decoración de cerá-

mica vidriada, inscripciones califales y mosaicos de llamativos colores es reflejo de un imperio que hacía gala de su riqueza.

Durante este periodo timurí adquirió gran importancia el centro comercial urbano, denominado *registán*, que incluía madrazas, bazares y mezquitas. El de Samarcanda está formado por tres madrazas monumentales y un bazar de planta circular. Las madrazas son las construcciones más características del islamismo asiático y siguen un esquema de patio central con arcos y cuatro salas abovedadas que lo rodean. Su principal función es la enseñanza del Corán, por

lo que se solían edificar junto a las mezquitas.

Tras la muerte de Timur Lang, en 1405, comenzó el declive del imperio timurí, quedando esta zona en manos de los uzbecos, que establecieron la capitalidad en Bujara, aunque mantuvieron los modelos estilísticos de la dinastía Timurí.

La ciudad fue ampliada con numerosos edificios, como en la zona del *registán*, y muchas edificaciones fueron restauradas y embellecidas, como es el caso de la mezquita de Kalyan, de 1127, y su minarete, de más de cincuenta metros de altura.

Caravasar o albergue

Las necesidades del intenso tránsito por este recorrido incentivaron la construcción de multitud de edificios para dar servicio a los comerciantes. Los más extendidos fueron los caravasares o albergues y, por supuesto, los bazares, donde se realizaba la compraventa.

La omnipresente Santa Sofía sirvió de modelo para las nuevas construcciones otomanas.

Estambul

Su emplazamiento entre dos continentes le ha permitido configurarse como una capital intercultural. La variedad de pueblos que se ha asentado en ella a lo largo de la historia le ha otorgado una gran diversidad arquitectónica y artística.

HABIENDO SIDO LA «NUEVA ROMA» de Constantino (siglo IV), y capital del Imperio Bizantino con Justiniano (siglo VI), Estambul ofrecía a sus nuevos moradores una espectacular conjunción de historia, arte y arquitectura. La omnipresente Santa Sofía (siglo VI) causó tal impresión a los arquitectos otomanos que sirvió de modelo para sus nuevas construcciones, aunque desarrollando una personalidad propia, basada sobre todo en una gran habilidad para solucionar problemas estructurales a la hora de combinar distintos volúmenes.

Durante los primeros años, y bajo las órdenes de Mehmet II, la actividad de los arquitectos se centró en la edificación de palacios tan espectaculares como el de Saray-i Cedide (1459), que contaba con dos grandes cañones a la entrada. Casi cinco kilómetros de murallas rodean el palacio, que ocupa una extensión de seis hectáreas. Hoy en día se nos presenta como una amalgama de gustos y estilos fruto de continuas remodelaciones.

De la arquitectura religiosa de esta primera época destaca el complejo de Fatih (1463), que ocupa cerca de diez hectáreas y presenta multitud de edificios, como la propia tumba del sultán y la

ARQUITECTURA
Otomana

ÉPOCA
Siglos XV-XVII.

LOCALIZACIÓN GEOGRÁFICA
Turquía.

CONSTRUCCIONES MÁS EMBLEMÁTICAS
Palacio Topkapi, mezquita Sehzade, mezquita Suleymaniye y mezquita Azul.

L OS OTOMANOS LLEGARON a Asia Menor como consecuencia de las invasiones mongolas que, en el siglo XIII, sufrieron los pueblos turcos. El hijo del primer sultán, Osman o Utman (de donde deriva el nombre del imperio), fijó la capital en Brusa (actual Bursa) hacia 1326, dirigiendo desde allí continuas acciones militares, que le llevaron a tener el control de casi todos los Balcanes. Con el emperador Mehmet o Mahomet II se procedió a la conquista de Estambul, en el año 1453, lo que puso fin al Imperio Bizantino. Estambul se convirtió de este modo en capital del Imperio Otomano y en cuartel militar para sus campañas militares.

A LA IZQUIERDA
Palacio Topkapi.
PÁGINA ANTERIOR
ARRIBA
Vista nocturna de la mezquita Azul.
PÁGINA ANTERIOR
ABAJO
Medias cúpulas de la mezquita Azul.

EL IMPERIO OTOMANO DEPENDIÓ TANTO DEL PODER DE SOLIMÁN I EL MAGNÍFICO, QUE SU OCASO ARRANCÓ CON LA MUERTE DEL GOBERNANTE.

mezquita Fatih, en la que ya se aprecian las influencias de Santa Sofía en las cúpulas y medias cúpulas que recubren los espacios.

Pero será durante el reinado de Solimán I el Magnífico (1520-1566) cuando se alcance la edad de oro del Imperio Otomano. A la ambición expansiva del sultán se unió la figura del mejor arquitecto del imperio, Sinan, que será rápidamente puesto al servicio del emperador. Una de sus primeras construcciones fue la Mezquita de Sehzade (1545-1548), con la cual se inició la edificación de una serie de mezquitas que tomaron como modelo la de Santa Sofía. La planta se basa en dos

espacios cuadrangulares: el patio porticado y el espacio central, cubierto por una cúpula de diecinueve metros y cuatro semicúpulas de descarga.

Tan complacido quedó el sultán que le encargó la que se ha considerado la mezquita más bella del mundo: la Gran Mezquita Suleymaniye (1550-1557). Se comenzó a edificar sobre la colina más alta de Estambul y numerosos documentos recogen los esfuerzos, tanto físicos como económicos, que comportó esta colosal obra. El gran espacio central se cubre con una cúpula de veintiséis metros de diámetro, flanqueada por cúpulas más pequeñas. El interior difiere de Santa Sofía en lo

diáfano del espacio. La decoración interior es sencilla, pero emplea materiales preciosos, mármoles de distintos colores y cerámica de Iznik (antigua Nicea). Sinan dejó un legado de más de trescientas obras proyectadas. Su influencia se refleja aún en obras posteriores como la Gran Mezquita Azul. Como las anteriores obras, el complejo lo formaba la mezquita, las madrazas, el hospital, el bazar y la tumba del sultán. La planta de la mezquita es irregular, pero mantiene la estructura de gran cúpula central sobre cuatro pilares macizos y cascada de cúpulas y semicúpulas. El interior destaca por su decoración en vidrio, pintura y cerámica, con predominio de los tonos azules, de donde toma su nombre.

ARQUITECTURA
Safawí

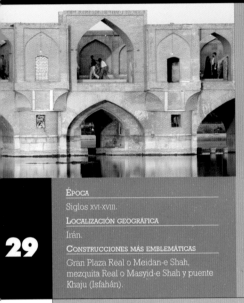

C ON LA CONQUISTA en 1258 de Bagdag por parte de los mongoles de Gengis Khan, finalizó el califato de los abasíes. Se produjo por aquel entonces la separación cultural entre los musulmanes de lengua árabe y los de lengua persa. Esta distinción hizo que las características propias del arte persa comenzaran a definirse. En Persia, la dinastía de los safawíes (1501-1736) consiguió la unidad política y religiosa del país, trasladando todo el poder y la capitalidad a la ciudad de Isfahán, en el año 1590. En esta ciudad, Abbas I el Grande (1587-1629) llevó a cabo un ambicioso programa urbanístico, centrado principalmente en la gran avenida Cahar Bagh, flanqueada por las viviendas y jardines de la clase alta.

A LA IZQUIERDA
Uno de los numerosos puentes que adornan la ciudad de Isfahán.
ARRIBA A LA DERECHA
Gran Plaza Real, donde se encuentran algunos de los edificios más importantes de la ciudad.
ABAJO A LA DERECHA
Detalle de la fachada de la mezquita Real.

ÉPOCA
Siglos XVI-XVIII.
LOCALIZACIÓN GEOGRÁFICA
Irán.
CONSTRUCCIONES MÁS EMBLEMÁTICAS
Gran Plaza Real o Meidan-e Shah, mezquita Real o Masyid-e Shah y puente Khaju (Isfahán).

29

EL IMPERIO SAFAWÍ PERDURÓ HASTA EL SIGLO XVIII Y LLEGÓ A EXTENDERSE A LO LARGO DEL TERRITORIO EMPLAZADO ENTRE LOS RÍOS ÉUFRATES Y JURASÁN.

OTRO CENTRO QUE SE DESARROLLÓ EN esta época fue la Gran Plaza Real o Meidan-e Shah, de 512 x 159 metros, rodeada por algunos de los edificios más importantes de la capital. Al norte se encuentra el Gran Bazar, mientras que al oeste de la plaza se abren los jardines de Cihil Sutun y el pabellón de Ali Quapu, donde el soberano recibía a los embajadores extranjeros. Al este destaca la mezquita privada del soberano o Sayj Luft Allah, formada por una única sala cuadrada rodeada por estancias de servicio. Al ser de uso personal del so-berano, presenta una estructura diferente, careciendo de elementos tan importantes como el minarete o la sala abovedada o *iwan*.

Pero el edificio más importante se levanta al lado sur de la plaza: la Mezquita Real o Masyid-e Shah (1611-1630), para muchos una obra maestra de la arquitectura mundial. Abbas pretendía trasladar a esta zona el centro comercial y religioso que poseía en ese momento la antigua Mezquita del Viernes (1088, aunque muy reformada en el siglo XV). Conocida como «la perla safawí», se convierte en un ejemplo característico de la arquitectura persa.

La mezquita se abre a la plaza a través un pasillo en forma de L que culmina en el monumental portal flanqueado por minaretes de cuarenta metros. Está estructurada en torno a un gran patio con estanque y cerrado por los cuatro lados por una doble galería e *iwanes* con cúpulas. El que da acceso a la sala de oración presenta una cúpula más elevada, que descansa sobre un tambor octogonal.

Todas las cúpulas presentan el doble casquete característico, separado por una amplia cámara de aire, que proporciona una mayor altura y ligereza. El suntuoso manto decorativo de cerámica vidriada de colores turquesa y azul aumenta la sensación

LA ARQUITECTURA SAFAWÍ ESTUVO INFLUIDA DE MANERA IMPORTANTE POR EL ARTE ISLÁMICO, DE AHÍ EL USO DE MOSAICOS.

de ligereza en las masas arquitectónicas, mientras que los tonos blancos y amarillos de los interiores son los elementos decorativos más brillantes y característicos de la arquitectura musulmana.

En los mosaicos abundan los motivos decorativos con espirales, arabescos, ornamentos vegetales y elegantes caligrafías. Quizá sea en el tambor de la gran cúpula donde mejor se aprecia esa delicada unión entre decoración y arquitectura, pues se encuentra recubierto por tres bandas de inscripciones en diferentes estilos caligráficos.

Muchas veces se ha dicho y repetido que la arquitectura de la época safawí escon-

día bajo esta profusa decoración unas estructuras arquitectónicas pobres. Se trata de un dictamen discutible. En efecto, a la luz de los recientes estudios que se han realizado con ellas se han podido desvelar ingeniosas soluciones técnicas que revelan la creatividad propia de estos constructores.

Otras construcciones de la ciudad de Isfahán demuestran las particularidades de la arquitectura safawí, destacando los puentes que cruzan el río Zayandeh (1642-1667), que muestran, dentro de la solidez que requieren estas construcciones, las mismas características estéticas de la arquitectura safawí.

Cerámica vidriada

Esta técnica es propia de la decoración arquitectónica safawí. Introducida por los selyúcidas, la gama cromática de las cerámicas abarcaba tonalidades de todos los tipos. Eran muy frecuentes los verdes y los dorados, que se utilizaron tanto mezclados como por separado.

127

UNO DE LOS MAUSOLEOS MÁS IMPACTANTES DE LA TIERRA, EL TAJ MAHAL, ES UNA DE LAS MÁS HERMOSAS CONSTRUCCIONES DEL MUNDO.

Grandes constructores

Los mongoles fueron importantes constructores. Sus espectaculares edificaciones y asombrosos mausoleos dejaron huella en la arquitectura asiática para el resto de los tiempos.

Mezquita Yami Masyid
Fuerte Rojo
Taj Mahal

TODOS ELLOS FUERON GRANDES constructores, pero sobre todo Shah Jahan, quien mandó construir el célebre Taj Mahal y la ciudad de Shahjahanabad, con su gran Mezquita del Viernes y el palacio fortificado o Fuerte Rojo, alcanzando de esta manera la cúspide del arte mongol.

El Taj Mahal (1632-1654), en Agra, es la gran joya del arte mongol. Se trata del mausoleo de Mumtaj Mahal, la esposa preferida del emperador, de quien estaba tan enamorado que pasaba días enteros mirándola. Nunca se separaban, ni siquiera cuando el emperador emprendía campañas militares. Falleció en 1631, durante el parto de su decimocuarta hija. Fue entonces cuando el emperador decidió levantar un mausoleo tan bello como su difunta esposa.

Durante veinte años, más de veinte mil obreros fueron reclutados, entre ellos los mejores artesanos, talladores, pulidores y demás artistas. El emperador insistió en emplear los más lujosos y delicados

ARQUITECTURA
Mongola

ÉPOCA
Siglo XVII.
LOCALIZACIÓN GEOGRÁFICA
India.
CONSTRUCCIONES MÁS EMBLEMÁTICAS
Taj Mahal (Agra), Fuerte Rojo y Mezquita
Yami Masyid (Delhi).

LOS MONGOLES GOBERNARON durante más de doscientos años (siglos XVI-XVIII) el norte de India. Conocida como dinastía mongol, fue más turca que la de la región de Mongolia. Su fundador fue Babar (1483-1553), descendiente por línea materna de Gengis Khan. La dinastía se consolidó con Akbar I el Grande (1556-1605), el más brillante de los soberanos mogoles y el que realmente transformó sus dominios en un verdadero imperio. Tras Akbar se sucedieron tres gobernantes, que mantuvieron el esplendor alcanzado: Jahangir (1605-1627), Shah Jahan (1627-1658) y Aurangzeb (1658-1707). Estos monarcas siempre estuvieron envueltos en intrigas palaciegas sucesorias, que hicieron que no fueran muy amados en vida, por lo que decidieron ser admirados después de muertos.

A LA IZQUIERDA
Fachada principal
del Fuerte Rojo.
**PÁGINA ANTERIOR
ARRIBA**
El Taj Mahal, la
joya del arte
mongol.
**PÁGINA ANTERIOR
ABAJO**
Interior del Fuerte
Rojo.

LA VERDADERA DINAMIZACIÓN DEL ARTE Y LA ARQUITECTURA MONGOLES ESTUVO A CARGO DEL MÁS IMPORTANTE MECENAS: EL EMPERADOR SHAH JAHAN.

materiales: mármol de Rajastán, turquesas tibetanas, jades de China, malaquitas de Rusia y así hasta un total de cuarenta y tres clases de piedras preciosas y semipreciosas, que debían ser trabajadas con esmero y perfección.

Tanto en su estructura como en su planta, el Taj Mahal sigue el modelo de los mausoleos mongoles, de planta octogonal, sobre plataforma de mármol blanco. Se encuentra flanqueado por una mezquita funeraria y una casa de huéspedes. La gran cúpula bulbosa del mausoleo, de veinte metros de diámetro, descansa sobre un tambor, que la realza. Cuatro mina-

retes de cuarentaiún metros de altura enmarcan perfectamente el mausoleo. Los jardines que dan acceso al este siguen el diseño del *char bagh* o jardín cuatripartito, con un estanque central, que refleja la simetría del monumento. En cuanto a la decoración del conjunto, hay que destacar tres elementos primordiales, como son las incrustaciones de piedras preciosas, los bajorrelieves de arabescos y motivos florales y las celosías, que filtran luz al interior.

Según la tradición, el emperador Shah Jahan tenía pensado levantar otro edificio gemelo, pero en mármol negro, en la otra

orilla, pero fue destronado por su hijo en 1658. Sin embargo, antes de terminar su mandato, el más prolífico mecenas de los emperadores mongoles realizó varias construcciones monumentales, como el palacio fortificado o Fuerte Rojo de Delhi, donde se estableció la nueva capital.

En esa misma ciudad edificó también la Gran Mezquita del Viernes o Yami Masyid (1644-1658), una de las mezquitas más grandes de India, realizada con arenisca roja, cúpulas bulbosas de mármol y con una portada monumental flanqueada por dos minaretes.

ARQUITECTURA
Tibetana

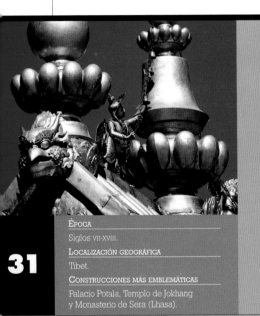

LHASA ES LA ACTUAL CAPITAL de la Región Autónoma Tibetana de la República Popular China. Su traducción es «Lugar de los Dioses» y fue el centro político, económico y cultural del Tíbet desde el siglo IX. Situada a una altura de 3.650 metros, se encuentra dominada por el palacio del Dalai Lama, o Potala, que ocupa un área de cuatrocientos diez mil metros cuadrados, de los cuales ciento treinta mil se encuentran edificados. Todo ello le ha llevado a ser considerado como la quintaesencia de la antigua arquitectura tibetana. El palacio de Potala, residencia del Dalai Lama, se convirtió en su edificio más emblemático.

A LA IZQUIERDA
Detalle decorativo del templo de Jokhang.
PÁGINA SIGUIENTE ARRIBA
Impresionante panorámica del palacio Potala.
PÁGINA SIGUIENTE ABAJO
Palacio Potala, residencia del Dalai Lama.

ÉPOCA
Siglos VII-XVIII.

LOCALIZACIÓN GEOGRÁFICA
Tíbet.

CONSTRUCCIONES MÁS EMBLEMÁTICAS
Palacio Potala, Templo de Jokhang y Monasterio de Sera (Lhasa).

31

LA RESIDENCIA DEL DALAI LAMA, EL PALACIO DE POTALA, ESTÁ COMPUESTA POR OTRAS DOS ESTRUCTURAS: LOS PALACIOS ROJO Y BLANCO.

SU NOMBRE PROVIENE DEL NOMBRE DE LA tierra mítica de una de las divinidades budistas: Avalokitesvara. Sus orígenes se remontan al siglo VII, cuando el rey Songtsan hizo construir este palacio de novecientas noventa y nueve habitaciones con motivo de sus esponsales con una princesa de la dinastía Tang. La apariencia actual del palacio se debe, sin embargo, al ambicioso programa de reconstrucción que emprendió el quinto Dalai Lama en 1645, y que se prolongó hasta 1703. En el siglo XVIII pasó

a ser su residencia de invierno. Considerado como el lugar sagrado por excelencia de los budistas tibetanos, el complejo se divide en dos secciones, conocidas como el palacio Rojo y el palacio Blanco. Este último servía como residencia del Dalai Lama y también era el lugar donde despachaba los asuntos políticos.

El palacio Rojo, más antiguo, actúa como santuario y alberga ocho *stupas* cubiertas de oro, en las que se conservan los restos de los Dalai Lama fallecidos. El edificio principal está formado por trece pisos, que alcanzan una altura de ciento quince metros. En el conjunto se pueden

apreciar elementos propios de la arquitectura tradicional tibetana, como las grandes paredes de piedra, con un ligero talud, de hasta tres metros de espesor, en las que se abren ventanas estrechas y alargadas rematadas por cornisas. Estos elementos se combinan con otros de influencia foránea, como los tejados curvos, típicamente chinos, que cubren el palacio Rojo y que contrastan con los tejados planos del palacio Blanco, típicos de la arquitectura tibetana.

Sin embargo, el centro de la vida espiritual de Lhasa no se encuentra en Potala, sino cerca de allí, en el templo de Jokhang. Al

igual que éste, sus orígenes se remontan al siglo VII, aunque apenas quedan vestigios de esta época. Durante la Revolución Cultural, la guardia roja de Mao intensificó, entre 1965 y 1970, su persecución antirreligiosa, destruyendo miles de monasterios y monumentos budistas. Uno de los más perjudicados fue el templo de Jokhang, por lo que buena parte de lo que ha llegado a nuestros días es fruto de las restauraciones y reconstrucciones de los años ochenta del pasado siglo XX.

El conjunto se organiza en torno a un patio cuadrado cubierto, en cuyo interior se encuentran seis grandes estatuas de divinidades budistas que alcanzan los seis metros de altura. El patio se encuentra rodeado de capillas, divididas en dos plantas, en cuyo interior se veneran las estatuas de distintas deidades y reyes.

En las afueras de Lhasa, la orden budista tibetana Gelugpa mandó construir en el siglo XV dos enormes monasterios, que se han convertido en ejemplos de la arquitectura tibetana tradicional: el monasterio de Drepung y el monasterio de Sera. Este último llegó a albergar en su época de mayor esplendor a cerca de cinco mil monjes. Con la Revolución Cultural sufrió la invasión china; tuvo que ser restaurado en 1979.

Palacio Potala

Esta fastuosa construcción se ha convertido en el máximo exponente arquitectónico tibetano. Levantada a 3.700 metros de altitud sobre el nivel del mar, presume de excelentes decoraciones esculpidas y de múltiples joyas artísticas.

Diversos elementos decorativos dotan de gran riqueza visual al templo Jokhang.

ARQUITECTURA
Budista

32

Estas son las últimas palabras que dijo Buda antes de fallecer, en el 483 a. C.: «Todas las cosas compuestas se descomponen y perecen. Esfuérzate en tu salvación». Nacido ochenta años antes, Siddhartha Gautama renunció al placer y a lo material para buscar la manera de vencer el sufrimiento de la vida. A los 35 años se produjo su Despertar (bodhi) tras permanecer 49 días sentado bajo el árbol de la Iluminación. Entonces cambió su nombre, Siddhartha («el que ha conseguido su objetivo»), por el de Buda, («el Iluminado»). Tras su muerte, las enseñanzas de Buda se expandieron especialmente a través de India, dando lugar al budismo, una de las religiones que mayor influencia ha tenido en la historia de la humanidad. La arquitectura de sus templos tiene rasgos distintivos propios.

A LA IZQUIERDA
Impresionante
vistas de las
cuevas de Ajanta.
**PÁGINA SIGUIENTE
ARRIBA**
Puerta o *torana* y
stupa de Sanchi.
**PÁGINA SIGUIENTE
ABAJO**
Cuevas de Ellora,
talladas
directamente
sobre la roca.

ES DESTACABLE EN ESTOS TEMPLOS LA CREACIÓN DE ELEMENTOS ARQUITECTÓNICOS A PARTIR DE UN TRATAMIENTO ESCULTÓRICO.

Conjuntos de
Ajantra y Ellora

Stupas de
Sa nchi

LOS ORÍGENES DE LA ARQUITEC-TURA budista se remontan al Imperio Maurya, fundado en el 321 a. C., y que tuvo como rey más destacado a Asoka (270-232 a. C.). Durante su reinado, este imperio vivió sus años de máximo esplendor. Tras su conversión al budismo, el rey Asoka se convirtió en el principal difusor de los principios budistas. Para ello, se valió del prestigio derivado de la construcción de monumentos que, siglos después, siguen siendo los más representativos del arte budista de India: los *stupa*. Levantados como lugar de enterramiento de

reliquias budistas, muchas veces tan sólo contenían simples imágenes de culto, por lo que este carácter votivo rige su estructura.

Formada básicamente por una plataforma o *medí*, que representa la Tierra, sobre la que se levanta una cúpula o *anda*, que representa la bóveda celeste, se halla coronado por una especie de terraza con verja o *harmika,* donde reside la esencia divina. Está coronado por un remate vertical o *yasti*, que marca el eje del universo, y que se encuentra rematado por una decoración a modo de aros o *chatras*, que albergan simbólicamente a Buda. El edificio se rodea de un camino procesional o *pradakshina*, con cuatro

puertas o *toranas* que marcan los cuatro puntos cardinales.

La esposa del emperador Asoka había nacido en la localidad de Sanchi y ésta fue la ciudad elegida por el emperador para crear uno de los principales santuarios budistas del reino, mediante la construcción de tres *stupas*, que se fueron remodelando y ampliando en épocas posteriores.

Construidos en ladrillo y piedra, presentan como novedad una técnica mediante la que se transfiere la talla de madera a la piedra. La decoración de esculturas y relieves que rodean el edificio parece más bien obra de carpinteros que de canteros.

La amplia difusión del budismo tuvo un espectacular desarrollo entre los siglos IV y V, sobre todo con la dinastía Gupta (320-540), durante la cual se levantaron numerosos santuarios budistas. Muchos de estos santuarios se excavaron directamente sobre la roca, como es el caso de los *viharas* o monasterios y los *chaityas* o templos, que albergaban un *stupa* en su interior. Es destacable en estos templos la creación de elementos arquitectónicos a partir de un tratamiento escultórico, debido a que la estructura del edificio está tallada directamente en la roca de la montaña. La muestra más emblemática de este tipo de arquitectura la encontramos en el conjunto de cuevas de Ajanta (siglos II y VI) y Ellora (siglo VIII).

Santuarios

La arquitectura budista edificó dos clases de santuarios: las *chaityas*, cuya estructura no evolucionó, aunque sí lo hizo su decoración interior; y los *viharas* o monasterios, de menor interés que los primeros.

135

ÉPOCA

Siglos VIII-X.

LOCALIZACIÓN GEOGRÁFICA

Isla de Java (Indonesia).

CONSTRUCCIONES MÁS EMBLEMÁTICAS

Templos de Borobudur y Prambanan (Java).

L A ISLA DE JAVA es la más poblada del archipiélago indonesio. Al igual que la dinastía Jemer, la cultura indonesia resultó tempranamente influida por la de India a través de rutas comerciales establecidas con la isla desde el siglo II. No nos han llegado restos de la arquitectura de este periodo, puesto que se emplearon materiales perecederos, como madera y ladrillo prensado. Tan sólo quedan restos de algunos edificios de carácter funerario contruidos durante la dinastía de los Sailendra.

A LA IZQUIERDA
Templo de Borobudur.
ARRIBA
Decoración típica del templo de Borobudur.
PÁGINA SIGUIENTE
Torres santuario del templo de Prambanan.

ARQUITECTURA RELIGIOSA DE
Java

Templo de Borobudur

Templos de Prambanan

LAS OBRAS DE ARQUITECTURA más antiguas que se han conservado datan de los siglos VII y VIII. La mayor parte de ellas estaban asentadas en la meseta de Dieng, donde se alzaron hasta cuatrocientos templetes. Estos edificios de carácter funerario reproducen los modelos de India, aunque se aprecia ya en el siglo VIII una independencia de los mismos con la llegada de la dinastía Sailendra (778-864), durante su reinado se construyeron las obras más importantes de la arquitectura religiosa de la isla de Java.

El monumento más emblemático de esta época es el santuario budista de Borobudur, una colina natural recubierta arquitectónicamente, según un preciso esquema geométrico. Está estructurado en terrazas cuadradas concéntricas que se convierten en circulares a partir del quinto piso. Esta sucesión de terrazas simboliza los escalones que debe ascender el alma para llegar a la iluminación. Las terrazas circulares están formadas por setenta y dos stupas que contienen figuras de Buda de tamaño natural y sentado en actitud contemplativa. La cima, a la que se llega mediante cuatro escalinatas cardinales, está dominada por una inmensa *stupa* en forma de campana cerrada.

Todo el conjunto se halla profusamente decorado con más de un kilómetro de relieves que, mediante más de mil trescientos plafones, relatan en la parte baja del conjunto la vida terrenal de Buda. Conforme se asciende y se pasa de las terrazas cuadradas (que simbolizan el mundo) a las circulares (el Nirvana) los bajorrelieves se centran más en su vida ejemplar y espiritual. Todo un programa iconográfico que convierte a este santuario en una verdadera guía de meditación para conducir al peregrino a la liberación.

Durante la segunda mitad del siglo IX, una nueva dinastía, Sanjaya, alcanzó el poder en detrimento de los Sailendra. Fundaron el Imperio Mataram, potenciando de nuevo la tradición hinduista mediante la escultura y la arquitectura religiosas.

En la localidad de Prambanan levantaron un complejo sagrado cuyo principal santuario, el Lara Djonggrang, estaba dedi-

Prambanan
En 1991, la ciudad de Prambanan fue declarada Patrimonio de la Humanidad por la Unesco. Su encanto es insoslayable gracias al elegante complejo sagrado que preside la urbe.

cado a Siva. Siguiendo la tipología de torre-santuario, se compone de ocho templos o chandis dispuestos jerárquicamente sobre una terraza cuadrangular. Flanquean el conjunto central dos templos dedicados a Brama y Visnu. Numerosos templos de menor tamaño completan este gran santuario sivaíta.

ÉPOCA

Siglos XIII-XIX.

LOCALIZACIÓN GEOGRÁFICA

Tailandia.

CONSTRUCCIONES MÁS EMBLEMÁTICAS

Wat Phra Si Sanphet (Ayuthia), Wat Arun (Bangkok).

TAILANDIA, LA ANTIGUA SIAM, se convirtió en reino independiente en el siglo XIII, época en que las invasiones mongolas revolucionaron el sureste asiático. Los tai se vieron obligados entonces a emigrar hacia el sur, estableciéndose en la parte noroeste de Tailandia, ocupada entonces por el imperio Jemer, que era gobernado desde la capital, Angkor. Ante el paulatino declive de este imperio, los tai comenzaron a fundar nuevos estados.

A LA IZQUIERDA
Templo dentro del complejo de Wat Phra.
ARRIBA
Imagen de Buda en el templo de Wat Phra.
PÁGINA SIGUIENTE
Vista de las ruinas de Wat Phra.

ARQUITECTURA
Tai

Templo de Wat Phra Si Sanphet
Wat Arun

HACIA 1279 ACCEDIÓ AL TRONO Rama Kamheng, el cual, combinando fuerza y diplomacia, unificó los numerosos estados tai, fijando la capitalidad en Sukhothai. Fue en esta ciudad, cuna de la civilización tailandesa, donde nació la escritura, la religión, la arquitectura y todas las formas de arte que crearon la identidad cultural de este nuevo imperio. La arquitectura religiosa está tipificada por el clásico *stupa,* con alta aguja cónica que remata una estructura cuadrada instalada sobre una base de tres gradas. Numerosos santuarios e imágenes de Buda se levantan por toda la ciudad, atestiguando la devoción que tuvieron sus habitantes a la rama theravada del budismo.

En 1350 se produjo la conquista a los jemeres de la ciudad de Ayuthia, estableciéndose aquí la capitalidad del Imperio tai hasta 1767. El gran desarrollo que tuvo esta ciudad ha quedado registrado en las numerosas menciones de visitantes extranjeros, que la definen como la más ilustre que jamás habían visitado. Los templos que tanta fama le dieron se encuentran diseminados a lo largo de los numerosos ríos que la rodean, destacando entre todos ellos el Wat Phra Si Sanphet (siglo XVI), que actuaba como palacio real y mausoleo de los reyes. La magnitud de sus ruinas nos da una idea de lo que debió ser este recinto budista.

El *wat* se considera uno de los centros de la vida cultural y social de Tailandia. En él se ordenaban los monjes y monjas budistas y casi siempre seguía la misma estructura arquitectónica: en el centro se levanta la capilla consagrada o *bot,* donde se llevan a cabo las ordenaciones, un *vihara* donde se alojan las imágenes de Buda, una serie de alojamientos monásticos, diversos *stupas* o *chedis,* donde se entierran las cenizas de los fieles, y una torre tambor o campanario (*Haw rakhang*). En definitiva, el *wat* cumple diversas funciones dentro de estas sociedades rurales, actuando tanto de centro religioso como de cementerio, escuela elemental y centro de reunión.

En el año 1782 la capital de Tailandia se estableció en Bangkok, convirtiéndose de esta manera en el principal centro político, económico y artístico del país. Entre los innumerables ejemplos de arte y arquitectura tailandeses destaca el fascinante tem-

Capitalidad

La Ciudad de los Ángeles: Bangkok. La capital tailandesa es una ciudad con gran potencial económico; su actividad la ha convertido, además, en un importante centro financiero y comercial del continente asiático.

plo del Amanecer o *Wat Arun,* situado en el núcleo más antiguo de la ciudad. Construido en la primera mitad del siglo XIX, su singular diseño prolonga el típico *prang* de la arquitectura jemer hasta los ochenta y seis metros de altura, dándole la típica forma puntiaguda tai. Rodeado por cuatro torres de menor tamaño, todo el conjunto está realizado en torno s un núcleo de ladrillo, sobre el que se aplica un recubrimiento de escayola, en la que se incrustan pequeños fragmentos de porcelana china de distintos colores, los cuales crean un juego cromático de gran vistosidad.

ARQUITECTURA
Jemer

Angkor Thom

Velar por la seguridad de esta ciudad sagrada y protegerla con todos los medios al alcance era el objetivo fundamental del levantamiento de la muralla, que sólo podía ser traspasada a través de cinco puertas.

35

LOS INDIOS INTRODUJERON EL HINDUISMO, así como unos conceptos del universo y la ley divina que inspiraron la construcción de inmensos templos de ladrillo y piedra tallada. Estos templos se erigieron para complacer a los dioses y glorificar a los reyes, sus constructores. Conviviendo con el budismo desde el siglo VII, el hin-duismo alcanzó entre los siglos IX y XIII su máximo esplendor, tanto en la arquitectura como en la escultura e ingeniería hidráulica.

Angkor se extiende en la llanura del río Mekong y cuenta con un conjunto de más de setenta monumentos, ya que una docena de reyes construyeron aquí sus propias ciudades, cada una de las cuales contaba con un núcleo de templos y palacios rodeados por campos de cultivo. Tan sólo los templos eran de ladrillo o piedra.

Entre estos vestigios sobresale el templo Angkor Wat (1113-1150), paradigma por excelencia de los llamados templos-montaña. La proporcionalidad de sus formas y la perfecta articulación de sus partes hacen de esta edificación una de las culminaciones de la arquitectura asiática. Ocupa una superficie de cerca de doscientas hectáreas y se encuentra defendido por un foso de casi cien metros de anchura. Se accede a su interior por el occidente, mediante un paso elevado flanqueado por cabezas de serpientes o *naga*, que surgen de la balaustrada. Unas largas galerías conducen al patio o claustro, de planta cruciforme, y luego al templo central, que se levanta hasta una altura de sesenta y cinco metros. Rodeado de cuatro santuarios menores, el edificio central reproduce el monte Meru, mansión de los dioses y centro del universo para la cosmología hindú. Los relieves que lo decoran dan a conocer diversas escenas de la mitología hindú y episodios de la vida de Suryavarman II, el monarca que en el siglo XII erigió este conjunto como su observatorio, santuario y tumba.

El nuevo periodo de esplendor llegó cuando, con el reinado de Jayavarman VII, se reconstruyó la ciudad de Angkor Thom, amurallándola y protegiéndola con una fosa de casi cien metros de anchura. De planta cuadrada, abarcaba una extensión de cerca de tres kilómetros. El acceso a la ciudad sagrada se hacía a través de cinco puertas, rematadas por cuatro caras colosales orientadas a los cuatro vientos. Una vez en el interior, el edificio más destacado es el templo-montaña conocido como el Bayon. Está formado por un conjunto de santuarios en forma de cuerpo elevado, hasta alcanzar un total de cincuenta y cuatro torres, cada una de las cuales está decorada con los colosales rostros con la enigmática «sonrisa jemer» o con imágenes femeninas de gran riqueza expresiva.

ÉPOCA
Siglos IX-XIII.

LOCALIZACIÓN GEOGRÁFICA
Camboya.

CONSTRUCCIONES MÁS EMBLEMÁTICAS
Angkor Wat y Angkor Thom.

L
AS FUEN-
TES CHI-
NAS ha-
blan de un reino
semilegendario,
denominado Fu-
nan, que domi-
naba la cuenca
del Mekong y que seguramente
sería originado por la mezcla
de una tribu mongola con tribus de indios. Este reino englo-
baba al principado de Kambuya
o «hijos de Cambú», que consiguió situarse, hacia el siglo VI, a
la cabeza del reino de Funan,
desplazando la capital de Sam-
bor a Angkor. Comenzó entonces la expansión que dio origen al Imperio Jemer.

ARRIBA
Vista del conjunto
arquitectónico de
Angkor Wat.
A LA DERECHA
Edificio central de
Angkor Wat.
PÁGINA ANTERIOR
Una de las cinco
puertas de acceso
a la ciudad
sagrada de Angkor
Thom.

Vista panorámica de Angkor Wat.

EUROPA

ARQUITECTURA EN
Europa/1

uropa, pese a ser el segundo continente más pequeño de la Tierra, es el que mayor número de bienes tiene declarados como Patrimonio Mundial de la Humanidad por la UNESCO. Más de trescientos, entre castillos, iglesias, catedrales, ruinas o centros urbanos históricos, son fiel reflejo de la importancia artística y cultural del Viejo Continente.

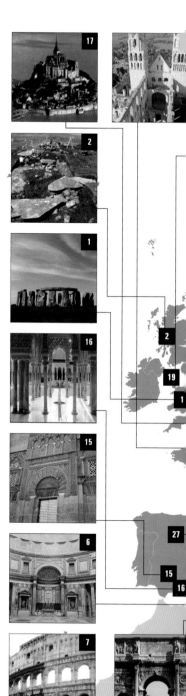

Arquitectura en Europa/2

E uropa ha sido cuna de dos de las grandes civilizaciones de la Antigüedad: la griega y la romana, creadoras de los órdenes clásicos que supusieron una normalización de la arquitectura que perdura hasta nuestros días. Será también en este continente donde se desarrollen grandes estilos artísticos de la historia de la arquitectura como fueron el Románico, el Gótico, el Renacimiento, el Barroco o el Neoclásico.

Arquitectura en
Europa/3

Otra tipología sepulcral fue el dolmen, cuya estructura se basaba en dos piedras verticales rematadas por una tercera, horizontal.

Tipología

Una de las figuras más representativas fueron los menhires, monumentos megalíticos prehistóricos que consisten en una piedra larga hincada verticalmente en el suelo por uno de sus extremos.

HACIA EL AÑO 3500 A. C. estas sociedades habitaban gran parte de los bosques del oeste de Europa. La agricultura era una práctica común. Comenzaron a levantar estructuras de piedra destinadas a la celebración de ritos funerarios o de culto a los antepasados. Algunas de estas primeras comunidades agrícolas construyeron cámaras mortuorias comunes, que se convirtieron en el tipo más habitual de monumento megalítico en Europa. Muchas constaban de un corredor de entrada protegido por losas que se cubrían de piedras o de tierra y que se de-

nominaban túmulos. La cámara sepulcral era, normalmente, de planta circular, formada por grandes losas de piedra y rematada por una falsa bóveda.

Otra tipología sepulcral fue el dolmen, cuya estructura se basaba en dos piedras verticales rematadas por una tercera que se colocaba horizontalmente encima de ellas. Repite la estructura de corredor, pero no tiene cámara funeraria.

Una de las figuras básicas de la tipología megalítica fueron los menhires, que eran rocas hincadas en el suelo y que suelen asociarse a sepulcros megalíticos colectivos. La región de Bretaña, en el oeste de

ARQUITECTURA
Megalítica

L A ARQUITECTURA MEGALÍTICA tiene sus orígenes hace unos cinco mil años, en unas sociedades agrícolas perfectamente organizadas y jerarquizadas que se extendieron por las costas atlánticas de Europa (Irlanda, Gran Bretaña, la Bretaña francesa, Galicia y Portugal) y las costas mediterráneas (Cataluña, Valencia, norte de África, las islas Baleares, Córcega, Sicilia y Cerdeña).

ÉPOCA
3000-1500 a. C.

LOCALIZACIÓN GEOGRÁFICA
Gran Bretaña.

CONSTRUCCIONES MÁS EMBLEMÁTICAS
Stonehenge (Inglaterra), Na Dromannan (Escocia).

LA ARQUITECTURA MEGALÍTICA TIENE SUS ORÍGENES HACE UNOS CINCO MIL AÑOS.

Francia, es el lugar de Europa con mayor concentración de megalitos. Concretamente en Carnac, cerca de tres mil menhires, de entre noventa centímetros y cinco metros y medio de altura, se alinean formando avenidas de hasta seis kilómetros de piedras paralelas.

Otra disposición que pueden adoptar los conjuntos de menhires es la forma circular: los denominados *cromlechs*. Un magnífico ejemplo lo tenemos en el yacimiento de Stonehenge, situado al sur de Reino Unido, cuya parte más antigua data de hace unos cinco mil años. La estructura de este monumento comprende cinco zonas: la parte más exterior la forma un círculo de treinta monolitos de piedra arenisca de unos nueve metros y cincuenta toneladas cada uno. Cada monolito sustenta los extremos de dos dinteles de piedra trabajados para adquirir la forma circular. El siguiente recinto es otro círculo, concéntrico al anterior, donde se emplearon monolitos de arenisca gris y de menor tamaño. El siguiente recinto, datado ya hacia el 1500 a. C., lo componen cinco trilitos, estructuras independientes formadas por dos monolitos verticales y un dintel horizontal, situados en forma de herradura. En el interior hay otro recinto dispuesto en forma de herradura, que está compuesto por losas de arenisca gris, que enmarcan el último recinto, una gran piedra que se conoce con el nombre de altar, pese a que se desconoce su función. Cerrando todo este conjunto se excavó un foso circular de noventa y ocho metros de diámetro, seis metros de ancho y dos metros de profundidad.

Dos piedras llamadas *heel stones* o piedras talón se situaban entre el foso y el recinto interior. Muchas son las teorías sobre cuál era la función de este elemento. Su orientación hacia la salida del sol durante el verano define un espacio perfectamente organizado para el culto solar o ritos de carácter colectivo. El descubrimiento de restos humanos también ha llevado a pensar que estaba destinado a la celebración de ritos funerarios.

36
ARQUITECTURA **Megalítica**

» EL ORIGEN DEL COMPLEJO MEGALÍTICO NO ESTÁ MUY DEFINIDO. ES POSIBLE QUE SE ERIGIERA PARA RENDIR CULTO AL SOL O PARA OBSERVAR EL FIRMAMENTO. SU ESTRUCTURA SE BASA EN LOS DENOMINADOS *CROMLECH*, UNA SERIE DE PIEDRAS CLAVADAS EN EL SUELO QUE VAN DIBUJANDO CÍRCULOS O FORMAS ELÍPTICAS. LOS BLOQUES ESTÁN INTEGRADOS POR MENHIRES, AGLUTINADOS HASTA CONVERTIRSE EN TRILITOS. ESTE MONUMENTO ESTÁ COMPUESTO DE AL MENOS CINCO PARTES DISTINTAS, Y SUS MONOLITOS SON DE DIFERENTES TAMAÑOS ».

Recientemente se ha descubierto en la isla de Lewis, al norte de Escocia, un *cromlech* levantado hace aproximadamente unos cinco mil años, formando un conjunto que sería más antiguo que el de Stonehenge. La estructura, conocida como Na Dromannan, mide treinta metros de ancho; la longitud de las piedras alcanza los cuatro metros.

A LA IZQUIERDA
Vista aérea de los
restos de Stonehenge.

37

La primera civilización desarrollada en Europa surgió en una isla del Egeo: Creta.

Palacio

El palacio de Cnosos tenía como característica principal su amplio patio central, en el que se realizaban ceremonias y espectáculos. También destacaba el gran número de gradas, que podía albergar a muchos espectadores.

Palacio de Cnosos

Cnosos fue la más importante de las cuatro ciudades-palacio minoicas. El palacio descubierto por Evans no fue ni el único ni el más importante de la ciudad. Levantado entre los años 1700 y 1400 a. C., se estructuraba en torno a un amplio patio central que regulaba el tránsito entre las partes del palacio y donde, probablemente, se ejecutaban los juegos, deportes y ceremonias rituales. Unas gradas monumentales en dos de los lados po-

dían acomodar a un número considerable de espectadores.

Cerca de mil quinientas habitaciones se agrupaban en bloques alrededor del patio sin responder a criterios de organización. Distribuidas irregularmente, como amontonadas, las habitaciones se iban añadiendo a la planta según las nuevas necesidades y sin presentar tampoco un tamaño homogéneo.

De los elementos empleados, destaca, sobre todo, el peculiar uso de una columna tallada en madera de ciprés y cuyo fuste presenta un menor diámetro

ARQUITECTURA
Minoica

ÉPOCA
2900-1400 a. C.
LOCALIZACIÓN GEOGRÁFICA
Creta.
CONSTRUCCIONES MÁS EMBLEMÁTICAS
Palacio de Cnosos.

EL DESARROLLO DE LA CULTURA CRETENSE abarca desde la última fase del Neolítico (2900 a. C.) hasta finales de la edad de Bronce (1200 a. C.). Sin embargo, será durante el periodo de los Palacios (2000 y 1500 a. C.) cuando Creta alcance su mayor esplendor. El adjetivo «minoico» fue empleado por el arqueólogo inglés Arthur Evans, al que se debe el descubrimiento de Cnosos, tras la campaña de excavaciones y reconstrucciones que emprendió en los primeros años del siglo XX. Con ese término Evans aludía a Minos, el legendario rey de Creta, y a su laberíntico palacio.

A LA IZQUIERDA
Detalle de la reconstrucción de las columnas del Palacio de Cnosos.
PÁGINA ANTERIOR ARRIBA
Restos del Palacio de Cnosos.
PÁGINA ANTERIOR ABAJO
Patio interior del Palacio de Cnosos.

LOS PALACIOS DE CRETA TUVIERON QUE SER RECONSTRUIDOS EN VARIAS OCASIONES, DEBIDO, POSIBLEMENTE, A MOVIMIENTOS SÍSMICOS.

en la parte de la base. La aparición de objetos votivos y litúrgicos, los frescos de motivos ceremoniales sacros, así como salas con pila lustral, hacen pensar que una gran parte del palacio estaba destinada a actividades religiosas. Su parte sureste era la destinada a los aposentos reales y se estructuraba en torno a una escalera monumental que comunicaba las cuatro plantas de que constaba este bloque de habitaciones.

Destacan en esta zona las salas principales, como la sala de las Dos Hachas, el estrado de la Reina o el salón del Trono, englobadas en un laberinto de corredores y almacenes entre los que es difícil orientarse.

Para su construcción se emplearon materiales locales, como ladrillos secados al sol, piedra tallada en sillares para los muros más importantes y madera para vigas y elementos sustentadores, que proporcionaban mayor flexibilidad ante los movimientos sísmicos de la zona.

Los palacios de Creta fueron reconstruidos varias veces, conservando lo esencial de la planta, pero cambiando el estilo. Su destrucción pudo ser debida a una serie de terremotos que hubo alrededor de 1700 a. C. Algunos historiadores sitúan concremtamente en 1628 a. C. la erupción del volcán Tera, que sepultó Cnosos bajo una espesa capa de ceniza, piedra pómez y rocas, lo cual, paradójicamente, ha permitido preservar su patrimonio hasta la actualidad.

Finalmente, los restos de la civilización minoica desaparecieron hacia el año 1450 a. C. con la devastadora destrucción de las ciudades de toda la isla de Creta. El motivo parece ser una violenta conquista por los micénicos de la Grecia continental.

ARQUITECTURA CLÁSICA
Griega

ÉPOCA

Siglos VIII-IV a. C.

LOCALIZACIÓN GEOGRÁFICA

Grecia.

CONSTRUCCIONES MÁS EMBLEMÁTICAS

Partenón, templo de Atenea Niké, teatro de Epidauro.

38

GRECIA NO FUE, durante la mayor parte de su historia, una nación. Comenzó siendo un grupo de ciudades-estado (polis) en constante pugna entre sí. Durante la época del esplendor griego (800-323 a. C.), se desarrolló la polis como base de la sociedad. Se fundaron nuevas ciudades y Atenas destacó entre todas ellas. Las comunidades del Ática se sometían a su control y sus habitantes se sentían auténticos ciudadanos atenienses. En el periodo de la democracia, siglos V y IV, los ciudadanos de pleno derecho tomaban parte en el gobierno de la polis ateniense. Esta supremacía cultural, política y económica produjo un florecimiento de la filosofía, la literatura, el teatro, las artes y la arquitectura que ha dejado su impronta en la historia occidental y universal.

GRECIA INFLUYÓ ARQUITECTÓNICAMENTE EN EL RESTO DE LAS CIVILIZACIONES, ESPECIALMENTE EN LA CREACIÓN DE LOS ÓRDENES, POR EJEMPLO EL DÓRICO.

LA CIUDAD EVOLUCIONA DE LA ciudadela al ágora o plaza pública. Encontramos zonas perfectamente delimitadas destinadas a actividades públicas, bien de tipo político o administrativo, bien religiosas.

Lo que dio unidad a la arquitectura griega fue la columna y el dintel, que dejaban de lado el arco y la bóveda de cañón. Los griegos se concentraron en perfeccionar esta tipología constructiva más apropiada al clima, a los materiales y a la sociedad que se servía de los edificios.

El templo fue el edificio público más importante en la antigua Grecia. Su sencilla estructura interior y sus reducidos espacios se deben a que los actos religiosos se celebraban en el exterior, donde se desplegaba el ceremonial. Se levantaba normalmente sobre un basamento de tres escalones, constaba de una planta rectangular, con los accesos por los lados cortos. Si presentaba columnata frontal y posterior, se denominaba anfipróstilo. Dependiendo del número de columnas, en estos lados recibía el nombre de hexástilo (seis columnas), octástilo (ocho columnas) y así sucesivamente. Normalmente era períptero, es decir, una columnata rodeaba todo el edificio. Si ésta era doble, se denominaba díp-

tero. Las techumbres eran a dos aguas y construidas en madera. Su combustibilidad explica por qué las ruinas de los templos carecen de tejado.

Pero la gran contribución de la Grecia clásica a la arquitectura fue la creación y codificación de los órdenes arquitectónicos. Éstos se difundieron posteriormente con el Imperio Romano, sobreviviendo a la caída de éste y manteniéndose vigentes como código arquitectónico occidental hasta nuestros días. El orden por excelencia de la Grecia antigua es el dórico. Se caracteriza por columnas macizas, sin basa, y capitel compuesto por dos piezas: el ábaco y el equino. El orden jónico era propio de la región de

EL TEMPLO ALBERGABA LA ESTATUA CRISELEFANTINA (DE ORO Y MARFIL) DE LA DIOSA ATENEA PARTENOS

Jonia (Asia Menor) y se comenzó a usar en el siglo VI a. C. El fuste es más estilizado, con un mayor número de acanaladuras y una elaborada basa. El capitel presenta un ábaco muy reducido y caracterizado por dos grandes volutas laterales. Por último, el orden corintio surgió de la necesidad de resolver los problemas de las columnas esquineras que el jónico no había resuelto. El capitel presenta volutas y hojas de acanto que lo hacen bello desde cualquier ángulo. Por lo demás, difiere poco del jónico.

El arquetipo de templo griego es el Partenón (448-477 a. C.), el primero construido en la Acrópolis de Atenas, dentro del plan de Pericles de embellecimiento de la ciudad. Fue diseñado por los arquitectos Calícrates e Ictinos para albergar una impresionante estatua de Atenea Partenos de casi doce metros de altura. Para ello se decidió levantar un templo octástilo de orden dórico y anfipróstilo.

Todo el Partenón se levantó con una proporción de 9:4 para hacerlo completamente simétrico. Los escultores no dudaron en emplear efectos ópticos para contrarrestar los defectos de la perspectiva. Así, las columnas tienen cierto ensanchamiento en el centro y se inclinan ligeramente hacia el interior del templo, logrando que la visión frontal sea perfecta.

Partenón

El Partenón tiene unas proporciones visuales totalmente simétricas, debido al efecto óptico que le proporcionaron los arquitectos.

« EN EL PARTENÓN SE PUEDEN OBSERVAR LOS RASGOS MÁS CARACTERÍSTICOS DEL ORDEN DÓRICO, COMO SON LAS MACIZAS COLUMNAS Y EL CAPITEL, FORMADO POR EL ÁBACO Y EL EQUINO. PERICLES ORDENÓ SU CONSTRUCCIÓN CON EL OBJETIVO DE EMBELLECER LA CIUDAD DE ATENAS, Y LO LOGRÓ SIGNIFICATIVAMENTE, YA QUE ES DESDE ENTONCES EL MÁXIMO EXPONENTE DE LA ARQUITECTURA GRIEGA CLÁSICA Y UNO DE LOS MONUMENTOS MÁS IMPORTANTES Y EMBLEMÁTICOS DE LA HUMANIDAD ».

A LA IZQUIERDA
Vista aérea de la Acrópolis.

ACRÓPOLIS DE Atenas

LA ACRÓPOLIS ATENIENSE, CENTRO NEURÁLGICO DE LA CIUDAD Y SÍMBOLO DE LA CULTURA DE LA GRECIA CLÁSICA, está situada en una colina de piedra caliza de unos 150 metros de altura que domina la llanura ática. En ella se encontraban los edificios más importantes de la ciudad: el Partenón, los Propileos, el Erecteion y el templo de Atenea Niké. Este conjunto monumental se levantó en el siglo V a. C., sobre las ruinas que dejaron las guerras contra los persas. Sus principales impulsores fueron el estadista Pericles y el arquitecto Fidias que, junto con el filósofo Protágoras y el dramaturgo Sófocles, fueron dos de las figuras más importantes de la democracia ateniense.

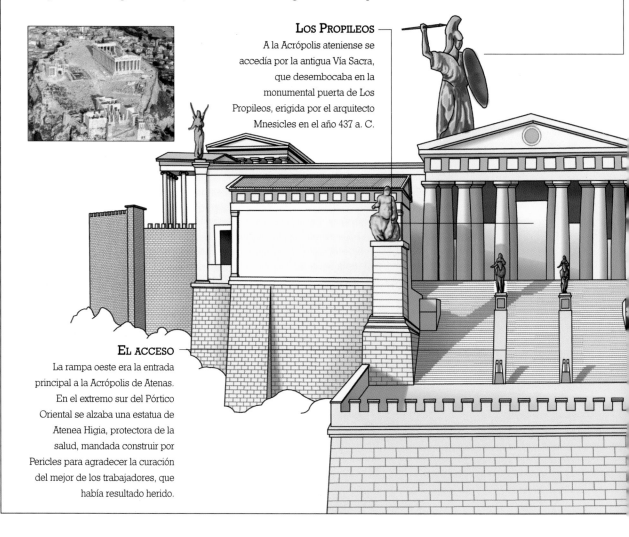

LOS PROPILEOS

A la Acrópolis ateniense se accedía por la antigua Vía Sacra, que desembocaba en la monumental puerta de Los Propileos, erigida por el arquitecto Mnesicles en el año 437 a. C.

EL ACCESO

La rampa oeste era la entrada principal a la Acrópolis de Atenas. En el extremo sur del Pórtico Oriental se alzaba una estatua de Atenea Higia, protectora de la salud, mandada construir por Pericles para agradecer la curación del mejor de los trabajadores, que había resultado herido.

OTROS EDIFICIOS

El **Erecteion** fue construido entre los años 421 y 395 a. C. Es un elegante templo cuya famosa tribuna de las Cariátides mira al Partenón. El **teatro de Dionisos** se encontraba en la ladera sur de la Acrópolis y tenía capacidad para dieciséis mil espectadores. El **Asclepeion** es un complejo dedicado al dios de la medicina. Actualmente se conservan los cimientos de un pequeño templo, un pórtico donde se alojaba a los enfermos y un altar para las ofrendas.

EL PARTENÓN

Es el edificio principal de la Acrópolis y el más representativo del arte griego. Fue construido en la cima de la colina entre los años 447 y 432 a. C. Para su construcción se empleó mármol blanco pentélico, del que se decía que era tan brillante que deslumbraba al mirarlo. En su interior se encontraba la estatua de Atenea Partenos, hecha de oro y marfil. Medía quince metros de altura y para su elaboración se necesitaron mil doscientos kilogramos de oro. El edificio se decoró mediante esculturas de mármol que representaban figuras del culto ateniense y escenas de la mitología griega.

LA DIOSA ATENEA

La monumental estatua de la diosa Atenea dominaba la ciudad desde lo alto de la Acrópolis. Fue construida en el siglo v a. C. y era visible desde el puerto de El Pireo. Armada con lanza y escudo, representaba a Atenea Niké (la victoriosa).

TEMPLO DE ATENEA NIKÉ

Al suroeste de la Acrópolis se alza el templo de Atenea Niké. Pertenece al estilo jónico y fue construido en mármol pentélico. Su realización corrió a cargo de Calícrates, en el 448 a. C. En los frisos se representaba una asamblea de dioses y la guerra contra los persas. Parte de estos frisos se encuentran actualmente en el Museo Británico.

39

ÉPOCA

Siglos VI a. C. - IV d. C.

LOCALIZACIÓN GEOGRÁFICA

Italia.

CONSTRUCCIONES MÁS EMBLEMÁTICAS

Coliseo, Panteón, Arco de Constantino.

S EGÚN LA TRADICIÓN, Roma fue fundada en el año 753 a. C. sobre una de las siete colinas junto al Tíber. Durante los siglos VII y VI a. C. los reyes etruscos dominaron la ciudad, pero hacia el 510 a. C., con la caída de Tarquino el Soberbio, último monarca etrusco, se estableció la República en Roma. Comenzó entonces la expansión romana, que llegó a su punto álgido en los siglos I-III d. C., durante la época imperial.

A LA IZQUIERDA
Detalle del arco como elemento decorativo en el Coliseo.
ARRIBA
Interior del Panteón.
ARRIBA A LA DERECHA
Vista general del Coliseo.

ARQUITECTURA CLÁSICA
Romana

AL IGUAL QUE LAS CIUDADES GRIEGAS, EN Roma se diferenciaban claramente las construcciones públicas de las particulares. La monumentalidad de los edificios públicos es fiel reflejo del interés de los emperadores por plasmar la grandeza de su imperio. Las características de la arquitectura griega fueron asimiladas por completo por la romana, pero también la influencia de la cultura de los etruscos tuvo su reflejo en Roma, con el uso del arco, tanto con fines constructivos como ornamentales.

El modelo de ciudad colonial romana de este periodo final de la República y de la época de expansión del Imperio se basaba en los campamentos militares romanos: tenían planta rectangular, con dos calles principales: el *cardus* (de norte a sur) y el *decumanus* (de este a oeste). Las zonas resultantes se dividían en manzanas o *insulae*, y un perímetro amurallado con puertas de acceso rodeaba el conjunto. El punto focal de la ciudad era el foro, espacio abierto que funcionaba como punto de reunión de los ciudada-

nos romanos y donde se encontraban los principales edificios cívicos y religiosos de la ciudad. Roma tuvo más de un foro, pero el más importante fue el Republicano, cuyos viejos edificios fueron renovados y donde se erigiendo otros nuevos. Entre ellos destacaba la Curia, lugar de reunión del Senado romano, diversos templos, la *rostra* o tribuna de los oradores, la basílica Aemilia, donde se hacían los negocios e intercambios financieros, y demás servicios.

El templo romano era una conjugación de características de la arquitectura griega y la romana. Se mantuvo la planta en forma rectangular, elevada sobre un podio, el tejado a dos vertientes y el vestíbulo con columnas exentas. En Roma se inventaron otros órdenes, aparte de mantener los tradicionales griegos. Éstos fueron el toscano y el compuesto. El toscano es una especie de orden dórico sin estrías en el fuste, y el compuesto consiste en un capitel creado a partir de la mezcla de elementos jónicos y corintios.

Paradójicamente, el templo más importante de Roma se aleja de esta tipología. Adriano mandó construir el Panteón en el año 118 d. C.. Presenta un pórtico colum-

Influencia etrusca

El influjo del arte etrusco también se observa en la arquitectura romana clásica, especialmente en cuanto al empleo del arco y el uso de los monumentos como lugar para mostrar el poder del que se gozaba.

nario de tres naves, ante cuyo frontal se alzan ocho columnas monolíticas de granito con capiteles de mármol corintios. El recinto interior presenta planta circular con muros de más de seis metros de espesor, que sostienen la que en su día fue la cúpula más grande jamás levantada. Presentaba un diámetro idéntico a la altura desde el suelo a la claraboya que la cierra (cuarenta y tres metros), lo que le otorga unas proporciones armónicas. Dicha claraboya, de nueve metros de anchura, era la única entrada de luz que iluminaba el interior del templo.

El Arco de Constantino y el Coliseo.

ÉPOCA
Siglos VII-X d. C.
LOCALIZACIÓN GEOGRÁFICA
Alemania-Francia.
CONSTRUCCIONES MÁS EMBLEMÁTICAS
Capilla Palatina de Aquisgrán, iglesia de Corvey (Alemania).

L A CAROLINGIA fue una dinastía de reyes francos que gobernaron desde el siglo VII hasta el X d. C. un vasto territorio en Europa occidental, que, en su época de mayor extensión, incluía las actuales Francia, Austria, Alemania, Países Bajos, Suiza y el norte de Italia. Su fundador fue Pipino el Viejo, poderoso señor de tierras que estuvo al servicio de los reyes merovingios. Sus descendientes mantuvieron la misma política hasta que Pipino el Breve depuso al último rey merovingio y fue coronado en el 751 como rey de los francos. Le sucedió su hijo Carlomagno (754-814 d. C.), quien estableció una corte estable en Aquisgrán.

A LA IZQUIERDA
Torre de la Capilla Palatina de Aquisgrán.
ARRIBA
Decoración con mosaicos de la cúpula de la Capilla Palatina.
PÁGINA SIGUIENTE
La Capilla Palatina de Aquisgrán tiene planta octogonal.

ARQUITECTURA
Carolingia

FUE EN ESTA CORTE DE AQUISGRÁN donde surgió un arte de carácter oficial, ligado a la clase dominante, en el que se apreciaba una síntesis entre el recuerdo del mundo germano, con el renovado interés por lo clásico y la influencia bizantina. Estas manifestaciones artísticas se denominaron ya prerrománicas, dado que desembocaron poco después en el estilo románico.

La Capilla Palatina de Aquisgrán es lo único que ha llegado hasta nuestros días del conjunto palaciego que Carlomagno hizo levantar en el año 789. Su estructura de planta octogonal centralizada cubierta con cúpula evoca la iglesia de San Vital de Rávena, que Carlomagno había visitado en el año 787. La cúpula se decoró con mosaicos de tradición bizantina que representaban a Cristo adorado por los veinticuatro ancianos del Apocalipsis. Pese a que pocas construcciones arquitectónicas de época carolingia han llegado a nuestros días, tenemos constancia de que durante esta época hubo una ferviente actividad constructora centrada sobre todo en la realización de iglesias y monasterios. Levantados originariamente en madera y posteriormente con piedra y ladrillo, su tipología habitual era de planta de tres naves y tres ábsides paralelos con testero plano. El empleo del arco de medio punto y la columna denotan la fuerte influencia clásica, pero comienzan a aparecer algunos elementos que posteriormente serían característicos del románico, como el inusual desarrollo del transepto, la construcción de criptas subterráneas para la custodia de reliquias o el empleo en las cabeceras de deambulatorios con capillas radiales. Mención aparte merece la aparición del *westwerk* o «cuerpo occidental», que aparece muy desarrollado en altura y que se convirtió posteriormente en el prototipo para las grandes fachadas de las catedrales románicas y góticas. Prácticamente, el único ejemplo carolingio que nos ha llegado intacto es la fachada de la iglesia de Corvey, iniciada en 822 y con un desarrollo espectacular del *westwerk,* con una fachada que abre en su centro la puerta que comunica con el vestíbulo en la planta baja. En cuanto a los monasterios, hay que destacar la reforma monástica del abad Benito de Aniano, mediante la cual se imponía una regla de vida uniforme para todo el

Capilla de Aquisgrán

La capilla de Aquisgrán fue construida por el arquitecto Eudes de Metz. Destaca su estructura de planta octogonal y la cubierta centralizada con cúpula, formada por mosaicos bizantinos, en los que predomina la figura de Cristo.

mundo monástico con el fin de restablecer una vida de honestidad. Estipulaba la constitución de comunidades emancipadas con todos los servicios necesarios para su desarrollo. Un ejemplo lo tenemos en el plano de la desaparecida abadía suiza de Sankt Gallen, donde todos los servicios se distribuyen en torno a la iglesia, el único edificio de culto del conjunto. Carlomagno impuso la Regla de San Benito en todos los monasterios de su reino, nombrando inspectores para vigilar la puesta en práctica de estos nuevos decretos.

ARQUITECTURA MUSULMANA EN
España

D URANTE EL GOBIERNO de los emires independientes de Damasco, musulmanes y cristianos convivían compartiendo culto en la vieja catedral visigoda de San Vicente. Pero la situación cambió con la llegada del último superviviente de la dinastía Omeya, Abderramán I, que gobernó Córdoba desde el 756 hasta el 788. El flamante emir omeya se negó, desde un principio, a someterse a los califas abasíes, aquellos que habían matado a su familia y le habían arrebatado el califato, por lo que se declaró emir independiente.

A LA IZQUIERDA
Galería de arcos del interior de la mezquita de Córdoba.
PÁGINA SIGUIENTE ARRIBA
Fachada de la mezquita de Córdoba.
PÁGINA SIGUIENTE ABAJO
Patio de la Alhambra de Granada.

ÉPOCA
Siglos VIII-XIV.
LOCALIZACIÓN GEOGRÁFICA
España.
CONSTRUCCIONES MÁS EMBLEMÁTICAS
Mezquita de Córdoba y Alhambra.

41

EN GRANADA Y CÓRDOBA SE ENCUENTRAN LOS MÁS REPRESENTATIVOS EJEMPLOS DE LA ARQUITECTURA MUSULMANA EN ESPAÑA.

Mezquita de Córdoba
Alhambra de Granada

EL SIGUIENTE PASO ERA CONSTRUIR su propio Estado y, cómo no, levantar en la capital una gran mezquita que fuera símbolo de su dinastía y lugar de oración de todos los musulmanes de Córdoba. En 780 comenzaban las obras sobre un antiguo templo cristiano visigodo. Se componía de once naves perpendiculares al muro de la *quibla*, de doce tramos cada una. En el interior las arquerías se articulan en dos alturas superpuestas, la primera formada por columnas clásicas aprovechadas de ruinas romanas, y la segunda de pilastras entibadas con un

complejo sistema de arcos intermedios que permiten aumentar la anchura de los arcos superiores, sobre los que finalmente discurre el canal de aguas pluviales. Vuelve a emplearse el arco de herradura, antiguo motivo romano conservado por los visigodos en España y que llegaría a su cenit compositivo durante el califato de Córdoba.

En el recinto exterior destaca el patio o *shan,* plantado con naranjos que reproducían la organización de los soportes interiores. Todo el conjunto se cierra mediante una muralla flanqueada con contrafuertes, entre los que se sitúan las portadas tripartitas de acceso.

Posteriormente Abderramnan II tomó las riendas del emirato omeya y siguió embelleciendo la mezquita. Se añadieron siete tramos para aumentar la profundidad de la sala de oración.

En el siglo X Córdoba pasaría a ser la capital de al-Ándalus con el reinado de Abderramán III. Muy interesado por la arquitectura, remodeló la mezquita cordobesa, tanto en la construcción de un gran alminar de cuarenta metros como en la transformación de su patio. En este mismo siglo, con al-Hakam II en el poder, se realizó también la ampliación más audaz del antiguo edificio, añadiendo doce tramos más hacia el sur, que incorporan in-

LA MEZQUITA CORDOBESA ES EL RESULTADO DE UN COMPLEJO PROCESO HISTÓRICO DE ADICIONES.

geniosas soluciones. Numerosos mosaicos, de claras influencias bizantinas, decoran las zonas más destacadas del conjunto. Su sucesor Almanzor haría la última de las reformas, en el año 985, ensanchando la zona este, que repetía con monotonía el esquema anterior.

Muy cerca de Córdoba, en Jaén, surgirá en este mismo siglo una nueva dinastía, la Nasri (Nazarí), fundada por Al-Ahmar ibn Nasr el Viejo, que procuraría un nuevo respiro a los musulmanes. Fue él quien mandó construir en Granada una muralla alrededor de una colina donde había una alcazaba del siglo XI. De esta forma surgió la obra más importante de la arquitectura

nazarí: la Alhambra de Granada. Poco a poco fue perdiendo este carácter defensivo. Muhammad III (1301-1308) fue quien completó su transformación en el hermoso conjunto palaciego que conocemos.

Uno de sus lugares más emblemáticos es el patio de los Leones, cuyo nombre procede de la fuente con doce leones que ocupa su centro, y sobre los cuales descansa una gran taza de forma dodecagonal, en cuyo borde hay escrito un poema de Ibn Zamrak. Al igual que en Córdoba, en Granada el jardín es más que un simple elemento decorativo. El lenguaje paisajístico de al-Ándalus ofrece un claro reflejo de su forma de concebir la sociedad y el mundo.

Alhambra de Granada

La mayor parte de las edificaciones conservadas se remontan al siglo XIV, momento de mayor esplendor del arte nazarí, sobre todo durante el reinado de Yusuf I, quien, hasta su muerte en 1354, llevará a cabo una intensa actividad constructora.

171

Vista panorámica de la Alhambra con las cumbres nevadas de Sierra Nevada a sus espaldas.

En la Sinagoga nueva de Toledo se encuentran muchos de los elementos principales de la arquitectura mudéjar.

Judería de Toledo

La comunidad judía gozaba en Toledo de un poder judicial y administrativo autónomo; esto también afectaba a la religión. Las más representativas sinagogas se hallaban en esta ciudad.

Palacio Arzobispal de Toledo

Torres mudéjares en Teruel

VARIOS SON LOS RESTOS DE ESTE ARTE QUE SE destacan en Teruel, como la Torre de El Salvador, único vestigio de la primitiva iglesia del mismo nombre, ya que la actual está edificada en estilo barroco. La torre data del siglo XIV, pero ha sido restaurada varias veces en el siglo XX. Próxima a la plaza mayor, encontramos la torre e iglesia de San Pedro, de mediados del siglo XIII.

Otro resto de un conjunto de mediados del siglo XIII es la torre de Santa María. Junto con la de San Pedro, constituye el ar-

quetipo más antiguo de torre mudéjar turolense. Finalmente, hacia el norte de la ciudad medieval encontramos la torre de San Martín, que es el único resto mudéjar del conjunto parroquial, ya que la iglesia fue transformada por completo en época barroca.

En todos estos elementos artísticos encontramos unos aspectos comunes, como son el uso del ladrillo y la mampostería. La cantería se empleaba para reforzar las esquinas. En cuanto a la decoración, tenían escaso interés por lo figurativo, por lo que desarrollaron unas formas geométricas a modo de lazo y vegetales de ataurique, heredadas del arte

ARQUITECTURA
Mudéjar

A LA IZQUIERDA
Detalle de la decoración de los arcos interiores de la Sinagoga Nueva de Toledo.
PÁGINA ANTERIOR ARRIBA
Interior de la Sinagoga Nueva de Toledo.
PÁGINA ANTERIOR ABAJO
Vista exterior de la Sinagoga del Tránsito, en Toledo.

ÉPOCA
Siglos IX-XIII.
LOCALIZACIÓN GEOGRÁFICA
España.
CONSTRUCCIONES MÁS EMBLEMÁTICAS
Torres mudéjares de Teruel, Sinagoga Nueva de Toledo.

EL MUDÉJAR iniciado por los musulmanes en tierras españolas constituye el único estilo artístico del que España puede presumir como estilo propio. Es en Toledo y Teruel donde se encuentran las más representativas muestras arquitectónicas del arte mudéjar, sobre todo con edificios religiosos. Este tipo de arquitectura utiliza el ladrillo para la construcción de sus edificios, decorándolos con gran profusión de elementos de mampostería. El azulejo, incluso en el exterior, es un elemento decorativo muy utilizado que reproduce formas geométricas. Son muy conocidas las torres mudéjares de Teruel, únicos vestigios que quedan de las antiguas iglesias mudéjares.

LA PALABRA MUDÉJAR PROVIENE DE «MUDAYYAN», QUE EN ÁRABE SIGNIFICA «AL QUE SE LE HA CONCEDIDO QUEDARSE».

musulmán, pero añadiendo elementos cristianos.

En la ciudad de Toledo, musulmanes y judíos pudieron conservar sus tradiciones tras la conquista. Ello favoreció la continuidad de las formas constructivas islámicas, que perduraron a través de la arquitectura mudéjar. Las construcciones en ladrillo fueron tomadas como modelo, ya que ofrecían un sistema constructivo más económico (con cubiertas de madera y bóvedas de ladrillo) que las construcciones en piedra románicas o góticas.

En aquella época la comunidad judía impulsó una escuela de traductores que contribuyó al florecimiento cultural de la ciudad. Los judíos de Toledo se instalaron en el viejo barrio de Madinat al-Yahud, situado en el sector suroeste de la ciudad, bordeado por el Tajo. La conquista de la ciudad por Alfonso VI de Castilla y León no supuso una merma para esta comunidad, que disfrutaba de un régimen judicial y administrativo propio, no sometido al gobierno cristiano de la ciudad. Sus sinagogas constituyen el conjunto más notable de arquitectura religiosa judía en España. Como ejemplo encontramos la Sinagoga Nueva, cuyos motivos ornamentales reflejan un cúmulo de influencias: los arcos mixtilíneos, hojas de gran tamaño y fajas de polígonos son de ascendencia almohade; las pequeñas hojas dentro de las grandes, los lazos con polígonos estrellados, las cartelas y las hojas digitadas que sirven de fondo a las trazas geométricas anticipan ya el arte nazarí, mientras que en la forma de los capiteles se aprecia la influencia de capiteles románicos tardíos.

También destaca la Sinagoga del Tránsito, construida por el tesorero de Pedro I de Castilla, Samuel Ha Leví. Presenta una estructura mudéjar de gran sencillez. Tras la expulsión de los judíos fue convertida en templo cristiano por la orden de Alcántara, que respetó los caracteres hebreos que pueden apreciarse en su cornisa alta.

ARQUITECTURA ROMÁNICA
Benedictina

Modelo Cluny

Nació un nuevo planteamiento en cuanto a las construcciones religiosas a partir del modelo de Cluny, que, entre otros aspectos, supuso nuevos aires en el arte constructivo religioso de la época.

43

Santa Madeleine de Vézelay
Iglesia de Cluny III
Abadía de Montecassino

EL RETORNO A LOS IDEALES DEL CRISTIANISMO que propiciaron los Benedictinos contó en la región francesa de Borgoña con un grupo de excepcionales abades, que, encabezados por al abad Odilón (994-1049) y el abad Hugo (1049-1109), consiguieron crear una nueva unidad en el mundo cristiano, reuniendo a los monasterios en una misma estructura orgánica. Hacia el año

1089 y bajo el impulso del abad Hugo, comenzó la construcción de la abadía de Cluny, considerada la mayor iglesia abacial de Occidente. Levantada sobre una primitiva iglesia del siglo X, presenta planta de cruz latina, con doble transepto y deambulatorio con cinco capillas radiales. Otras diez capillas menores se abrían a los dos transeptos. El alzado de la nave se estructuraba en tres niveles: grandes arcos formeros sobre pilares en la parte baja, tribuna en el primer piso y claristorio en la parte alta. La cubría una techumbre de madera a dos aguas que fue posteriormente sustituida por una bóveda de cañón apuntada. A los pies de la iglesia se alzaban dos torres simétricas cuadradas que enmarcaban la portada. De esta imponente obra tan sólo ha llegado a nuestros días una parte del segundo transepto con su torre.

Las descomunales dimensiones de estos restos nos dan una idea de la monumentalidad que tuvo el conjunto, que llegó a alcanzar los ciento ochenta y siete metros de altura y cuarenta y dos de anchura.

A partir del siglo XII todas las iglesias monásticas, episcopales o colegiatas se inspiraron en el planteamiento arquitectónico de Cluny. La planta de cruz latina perduró por su valor simbólico, pero con un tran-

septo mucho más desarrollado. Los ábsides también sufrieron un gran desarrollo, con la introducción de girolas o con capillas radiales. Proliferaron las cubiertas de bóveda de cañón, en detrimento de las de madera a doble vertiente. La escultura en los exteriores, íntimamente ligada a la arquitectura, se concentró en portadas monumentales y en claustros ricamente decorados.

Sin embargo, en Borgoña se levantaron otros edificios que introdujeron ciertos rasgos singulares, como Santa Madeleine de Vézelay (1120). Su planta se articula en torno a tres espacios: el nártex, la nave y la cabecera. La nave central alcanza una altura de dieciocho metros y medio y diez metros y medio de anchura, lo que obligó a colocar tirantes de madera que aseguraran su estabilidad. La nave central aparece cubierta con bóvedas de arista con arcos fajones de medio punto decorados con dovelas de distintos colores. Los empujes de la bóveda se contrarrestaron con gruesos contrafuertes, y en épocas posteriores se levantaron arbotantes. En cuanto al alzado, se articula en dos niveles, con grandes arcadas en el piso inferior y ventanas superiores que actúan como claristorio. En este caso se ha eliminado la tribuna o triforio, lo que conllevó una resolución espacial novedosa.

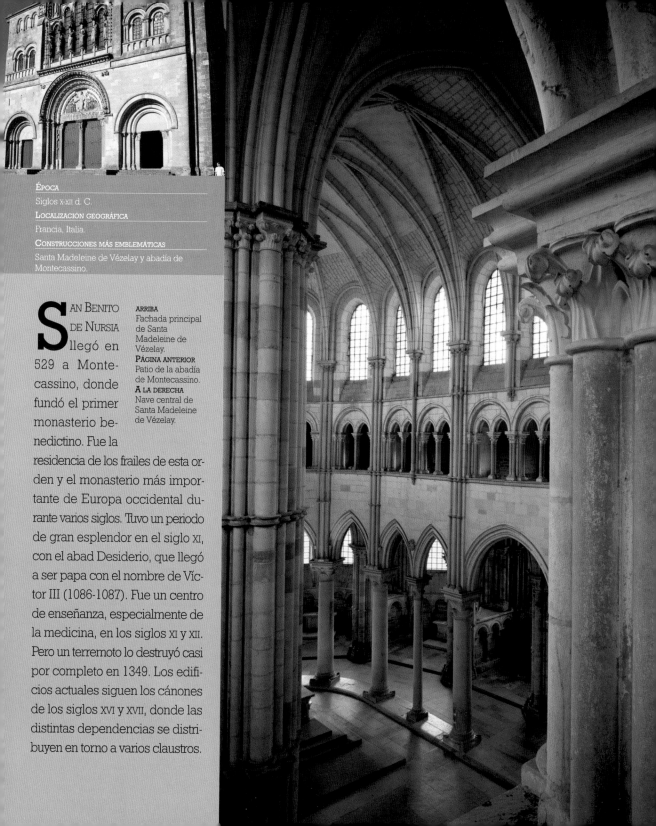

ÉPOCA

Siglos X-XII d. C.

LOCALIZACIÓN GEOGRÁFICA

Francia, Italia.

CONSTRUCCIONES MÁS EMBLEMÁTICAS

Santa Madeleine de Vézelay y abadía de Montecassino.

SAN BENITO DE NURSIA llegó en 529 a Montecassino, donde fundó el primer monasterio benedictino. Fue la residencia de los frailes de esta orden y el monasterio más importante de Europa occidental durante varios siglos. Tuvo un periodo de gran esplendor en el siglo XI, con el abad Desiderio, que llegó a ser papa con el nombre de Víctor III (1086-1087). Fue un centro de enseñanza, especialmente de la medicina, en los siglos XI y XII. Pero un terremoto lo destruyó casi por completo en 1349. Los edificios actuales siguen los cánones de los siglos XVI y XVII, donde las distintas dependencias se distribuyen en torno a varios claustros.

ARRIBA
Fachada principal de Santa Madeleine de Vézelay.
PÁGINA ANTERIOR
Patio de la abadía de Montecassino.
A LA DERECHA
Nave central de Santa Madeleine de Vézelay.

ABADÍA DE Montecassino

LA ABADÍA DE MONTECASSINO FUE DURANTE SIGLOS el monasterio más importante de Europa occidental. Situada al noroeste de Nápoles, fue fundada en el año 529 por Benito de Nursia, quien redactó allí la regla monástica que lleva su nombre (resumida en la famosa sentencia *ora et labora*) y que tanto influjo habría de ejercer sobre las congregaciones monacales de la Alta Edad Media. Saqueada e incendiada en el año 883 por los musulmanes, el monasterio fue reconstruido en el siglo XI, al amparo de grandes abades como Teobaldo, Richelio y Federico de Lorena, quien asumirá el papado con el nombre de Esteban IX. Esta restauración convirtió a la abadía en la obra capital del arte románico italiano del siglo XI. Este dibujo recrea su arquitectura hacia el año 1075.

EL ATRIO

Un majestuoso atrio precedía a la entrada en la iglesia abacial. Se trataba de un amplio espacio rectangular, porticado por todos sus lados. En la actualidad es el claustro de los Benefactores, de estilo renacentista.

EL FUNDADOR

San Benito nació en el seno de una familia patricia, en Nursia (Perusa), hacia el año 480. Después de haber fundado doce pequeños monasterios, se retiró a Montecassino, donde completó su famosa regla monástica.

LA IGLESIA

La restauración, de mediados del siglo XI, se confió a albañiles lombardos y a decoradores procedentes de Constantinopla. La iglesia estaba formada por una gran nave de bóveda de cañón y gruesos muros, cubierta por un tejado de madera a dos aguas.

EL CLAUSTRO

Verdadero epicentro de la vida monástica, el claustro distribuía los accesos a las distintas partes de la abadía. Estaba porticado por sus cuatro lados, con un jardín y un pequeño huerto en su interior. Éste era el lugar elegido por los monjes para pasear en silencio tras su jornada de trabajo.

DEPENDENCIAS MONÁSTICAS

Según la regla benedictina, cada monasterio forma una comunidad autónoma, sometida únicamente al poder del abad. Esto implicaba también que la congregación debía abastecerse de los productos y alimentos que aseguraran su supervivencia. Por ello, las abadías contaban con diversos edificios para este menester, como el establo, la herrería, la hostería (1), el refectorio (2) o el dormitorio de los monjes (3).

LA ABADÍA EN LA ACTUALIDAD

En 1944 este monasterio fue el escenario de una de las batallas más importantes de la Segunda Guerra Mundial. El bombardeo aliado destruyó completamente el complejo, por lo que tuvo que ser restaurado tras la contienda. Las construcciones actuales se basaron en el proyecto arquitectónico del abad Rea, que consiguió devolver a la abadía su esplendor de antaño.

MONT-SAINT-MICHEL ES UN GRAN EJEMPLO DE CONSTRUCCIÓN NORMANDA ROMÁNICA. SE ENCUENTRA ENTRE NORMANDÍA Y BRETAÑA.

Arquitectura normanda

Las construcciones normandas nacieron
en las ciudades primitivas del lugar.
Suponían un reflejo del poder feudal y
destacaban por su gran altura, siendo
monasterios y abadías grandiosos.

Abadía de
Mont-Saint-Michel

Abadía de Nuestra
Señora de Lumièges

TUVO LUGAR EN
TORNO A LAS
PRIMITIVAS ciuda-
des normandas,
como reflejo del
nuevo poder feu-
dal, una proliferación de monasterios y
abadías que superaron en altura a las que
se estaban haciendo en el resto de Francia. Se caracterizaban por un alzado a
tres niveles con tribunas sustentadas por
grandes arcadas. Las cubiertas evolucionaron hacia las bóvedas de crucería de
gruesos nervios y muros que canalizaban
los empujes. Las monumentales fachadas

solían presentar dos torres y un hastial.
Entre los numerosos ejemplos que se levantaron en tierras normandas destaca el
monumental conjunto de Mont-Saint-Michel, construido entre los siglos X y XVI, y
cuya abadía se convirtió en uno de los más
importantes centros de peregrinación de
toda Francia. Situado entre Normandía y
Bretaña, Mont- Saint-Michel es un islote de
unos novecientos metros de perímetro y
cerca de ochenta metros de altura, que al-
bergó un oratorio del siglo VIII, mandado
construir por el obispo de Avranches tras
aparecérsele en este monte el arcángel
san Miguel. Tras numerosas reconstruc-

ARQUITECTURA ROMÁNICA
Normanda

ÉPOCA

Siglos VII-XI d. C.

LOCALIZACIÓN GEOGRÁFICA

Francia e Inglaterra.

CONSTRUCCIONES MÁS EMBLEMÁTICAS

Mont-Saint-Michel, abadía de Nuestra
Señora de Lumièges.

LOS NORMANDOS (hombres del norte) estaban integrados originalmente por tribus escandinavas, sobre todo vikingos de la región de Dinamarca, que invadieron tierras del norte de Francia hacia finales del siglo IX. Estos invasores juraron lealtad al rey de Francia, que en esos momentos era Carlos III el Simple (879-929 d. C.), y como compensación recibieron los territorios que posteriormente se conocerían como el ducado de Normandía. Asentados en estas tierras, adoptaron la lengua francesa y el cristianismo, rompiendo con sus orígenes escandinavos.

A LA IZQUIERDA
Acceso al recinto
de la abadía de
Nuestra Señora de
Lumièges.
PÁGINA ANTERIOR
ARRIBA
El monumental
conjunto de Mont-
Saint-Michel
destaca sobre la
localidad.
PÁGINA ANTERIOR
ABAJO
Detalle de los
arcos de la abadía
de Nuestra Señora
de Lumièges.

DE LA ABADÍA DE NUESTRA SEÑORA DE LUMIÈGES QUEDAN SUS RUINAS. SIN EMBARGO, EN ÉSTAS SE PUEDE INTUIR LA GRANDIOSIDAD DE AQUÉLLA.

ciones, en el siglo XI se comenzó la construcción de una abadía de tres naves, transepto y deambulatorio, rodeando el coro. Se levantó una única torre en la confluencia de la nave central y el transepto. En el interior se mantenía la típica disposición del románico lombardo, con tribuna o triforio sustentado por grandes arcadas.

En el nivel inferior se agregaron el resto de dependencias del convento, como el claustro, el refectorio, la cocina o la capellanía. Muy reformado en épocas posteriores, se añadió una fachada monumental ya en el siglo XVIII.

Por su parte, la abadía de Nuestra Señora de Lumièges (1040-1067) no sobrevivió a la Revolución Francesa, pero sus ruinas son reflejo de la grandiosidad que alcanzó esta obra. Una nave de cerca de veinticinco metros de altura estaba flanqueada por naves laterales sencillas y cubiertas con bóvedas de arista. El alzado característico de tres pisos con grandes arcadas, tribuna y claristorio tenía continuidad en los dos pisos del transepto. En su unión con la nave central se levantaba un sobrio cimborrio. La fachada presentaba dos altas torres macizas con arquerías y rematadas por un nivel octogonal,

preludio de la fachada armoniosa del románico.

Tras la conquista de Inglaterra por Guillermo el Conquistador (quien reinó entre 1066 y 1087), los normandos exportaron esta tipología arquitectónica al otro lado del Canal de la Mancha, donde se iniciaron las construcciones más ambiciosas del románico inglés. Algunos ejemplos los encontramos en la catedral de Canterbury (1089) o la de Durham (1093), ambas comenzadas en estilo normando, aunque modificadas en fechas posteriores.

Arquitectura románica
Catalana

Románico del Valle de Boí

En el Valle de Boí se pueden observar características ya arcaizantes en un periodo en el que en otros puntos de Europa ya se imponía el estilo gótico.

45

Santa María de Taüll — Monasterio de Ripoll — Sant Climent de Taüll

CON LA FIEBRE CONSTRUCTIVA, DEL S. XI, Cataluña acogió a numerosos maestros de obra y artesanos procedentes de la Lombardía italiana, convirtiéndose de este modo en una de las puertas de acceso del románico lombardo en España, pero que adoptará en las tierras catalanas una personalidad y autonomía propias, que lo diferenciarán del románico del resto de España y Europa.

La arquitectura románica del Valle de Boí presenta ciertos rasgos arcaizantes en una época en que el estilo que se hacía en el resto de Europa anunciaba ya el gótico. Las formas son severas y de una elegante simplicidad. Realizadas completamente en piedra, sus muros están hechos con sillares perfectamente alineados, interrumpidos por la presencia de semicolumnas adosadas y piedras de distinto color en las arquerías del ábside. En el interior, la disposición normal de estas iglesias es de planta de cruz latina, con tres naves separadas por columnas que acaban en el ábside. Todas conservan el viejo campanario cuadrado de tradición lombarda, coronado con techo a cuatro aguas. La decoración, carente de esculturas, es puramente geométrica, basándose en finas pilastras unidas mediante arquerías, influencia de las regiones de Rávena y Lombardía.

La iglesia de San Clemente Tahul (Sant Climent de Taüll) destaca por ser la más grande y mejor conservada de todo el conjunto. En ella se alcanzó la quintaesencia del románico lombardo, tanto en el exterior como en la decoración interior. Construida en 1123 con planta basilical y tres ábsides, presenta tres naves separadas mediante arcos y un recubrimiento a dos aguas mediante vigas en el interior,

que forman un falso techo. La decoración mural que recorre todo el templo culmina magistralmente con el Pantócrator del ábside, formando uno de los conjuntos románicos de pinturas murales más importantes de Europa. En el exterior destaca el esbelto campanario de seis pisos con ventanas geminadas con decoración de arquillos sobre ellas. La zona de los ábsides también presenta una delicada decoración de arquillos sobre semicolumnas y la característica decoración de friso dentado que recorre los tres ábsides.

También en el pueblo leridano de Tahul (Taüll), la iglesia de Santa María presenta características muy similares. Consagrada un día después que la de San Clemente, la irregularidad del terreno donde se asienta provocó serios problemas durante la construcción. Exteriormente presenta un aparejo más tosco, con decoración de arquillos y óculo ciegos, realizados con piedra volcánica de distinto color. La techumbre a dos aguas se cubre de pizarra, ideal en estas zonas de duro invierno. El campanario presenta cuatro niveles de ventanas geminadas. El interior también consta de tres naves separadas por arcos de medio punto y de una decoración de frescos, que culminan en el ábside con la imagen de la Epifanía.

ÉPOCA

Siglos XI-XIII.

LOCALIZACIÓN GEOGRÁFICA

España.

CONSTRUCCIONES MÁS EMBLEMÁTICAS

Iglesias de San Climent de Taüll y Santa María de Taüll y Monasterio de Santa María de Ripoll.

ARRIBA
Detalle de un capitel del Monasterio de Santa María de Ripoll.
DERECHA
Vista general de Taüll, donde destaca su magnífico campanario.
PÁGINA ANTERIOR
Pantócrator del ábside de San Climent de Taüll.

L A POLÍTICA EXPANSIVA del conde de Barcelona Ramón Berenguer III culminó en la unión del Reino de Aragón y el Condado de Barcelona, en la persona de su hijo, Ramón Berenguer IV, en 1137. Durante los siglos XI y XII la región del Valle de Boí vivió su periodo de mayor esplendor bajo el poder de los condes de Pallars y de la familia feudal de los barones de Erill. La participación de estas familias en las batallas de la reconquista de Barbastro (1064) y de Zaragoza (1118) reportó cuantiosos beneficios, parte de los cuales se invirtieron en la construcción de numerosas iglesias en sus posesiones.

ARQUITECTURA MEDIEVAL
Europea

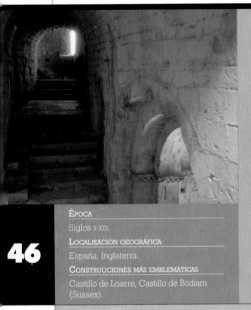

E L PRECEDENTE MÁS INMEDIATO de los castillos medievales habría que buscarlo en las fortificaciones que, durante época romana, se levantaron a lo largo de las fronteras septentrionales del Imperio. El trazado interior de los fuertes romanos seguía siempre el mismo esquema: presentaba dos vías, la principal (que cruzaba el fuerte a lo ancho) y la pretoria (que lo recorría a lo largo). En la intersección de ambas vías se solía encontrar el pretorio o vivienda del comandante y el cuartel general de los oficiales. Los soldados se distribuían en barracones diseminados.

A LA IZQUIERDA
Interior del castillo de Loarre.
PÁGINA SIGUIENTE ARRIBA
Vista del exterior del castillo.
PÁGINA SIGUIENTE ABAJO
Murallas defensivas de la fortaleza.

ÉPOCA
Siglos X-XIII.
LOCALIZACIÓN GEOGRÁFICA
España, Inglaterra.
CONSTRUCCIONES MÁS EMBLEMÁTICAS
Castillo de Loarre, Castillo de Bodiam (Sussex).

46

LA ARQUITECTURA MEDIEVAL DEJÓ SU HUELLA EN ARAGÓN, DONDE SE PUEDEN OBSERVAR EJEMPLOS REPRESENTATIVOS.

LOS PRIMITIVOS CASTILLOS MEDIEVALES datan de los siglos VII y VIII y se reducen a una simple estructura fortificada rodeada por un foso y una empalizada o muro. Las distintas dependencias se distribuían por el interior del recinto. Posteriormente la mejora de las técnicas de asalto conllevó la introducción de nuevas dependencias que aseguraran un prolongado asedio. Esto hizo que se reforzaran las defensas, levantando torres de piedra en los ángulos, almenas que coronaran los muros, saeteras o troneras abiertas en muros, torres y matacanes almenados. Los accesos al castillo se fortificaron con puentes levadizos o corredizos, puertas reforzadas con rastrillos y fosos impracticables. La torre principal se conocía como torre del homenaje, y estaba edificada enteramente en piedra, alcanzando varios pisos de altura. Además de servir de refugio para el rey o el señor y su pueblo, los castillos también se empleaban como prisión, centros de la administración local y para custodiar armamento o riquezas.

Las distintas confrontaciones bélicas acaecidas en Inglaterra durante la Edad Media también sembraron de castillos su orografía. Un ejemplo destacado lo encontramos en la localidad de Sussex, donde en 1385 y ante la amenaza de una invasión francesa, Ricardo III mandó construir el Castillo de Bodiam.

Exteriormente, el castillo de Bodiam tiene aspecto de fortaleza inexpugnable, tanto por el amplio foso que lo rodea como por las robustas torres que jalonan toda la construcción. En el interior se levantaron confortables dependencias, ya que el castillo sirvió también de residencia para el señor y más de ciento cincuenta personas, entre caballeros, criados, cocineros y demás personas a su servicio.

EL CASTILLO DE LOARRE SE ENCUENTRA EN LA PROVINCIA ARAGONESA DE HUESCA.

España es tierra de castillos debido a los avatares guerreros de la llamada Reconquista, que sembraron de fortalezas sobre todo las tierras del reino de Castilla. Sin embargo, es en el de Navarra, en tierras que después se integrarían en el reino de Aragón, donde encontramos uno de los más representativos ejemplos de arquitectura medieval en España.

El castillo de Loarre se remonta a la época de Sancho III el Mayor (992-1035), rey de Navarra y conde de Aragón, que fundó Loarre como baluarte defensivo contra el reino musulmán de Zaragoza. Se distinguen claramente dos sectores: el castillo propiamente dicho y una línea exterior de murallas de ciento veinte metros de longitud, que forma un extenso arco aprovechando los desniveles del terreno. A lo largo de su recorrido se abren hasta diez torreones y dos puertas de acceso. Esta muralla se levantó para proteger la villa que se levantó en torno a la fortaleza.

El recinto del castillo está formado por un conjunto de dependencias que forman un pentágono irregular, debido sobre todo a las irregularidades del terreno. Las partes más antiguas del conjunto son la capilla de la Reina y la primitiva torre del homenaje o torre de la Reina, fechada en las

Tierra de castillos

España es un país en el que se pueden encontrar multitud de castillos, distribuidos por toda su geografía. Destacan especialmente las fortalezas alzadas en el reino de Castilla.

》》 EL CASTILLO DE LOARRE LO FORMAN DOS PARTES: EL CASTILLO COMO TAL Y LAS MURALLAS. ÉSTAS MIDEN CIENTO VEINTE METROS DE LONGITUD Y CUENTAN CON DIEZ TORREONES. TAMBIÉN ESTÁ CARACTERIZADO POR LOS DESNIVELES EN EL TERRENO, DE MANERA QUE EL CASTILLO ESTÁ DIVIDIDO POR UN CONJUNTO DE DEPENDENCIAS QUE TIENEN FORMA DE PENTÁGONO IRREGULAR. FUNDADO POR SANCHO III EL MAYOR EN EL SIGLO XI, SE TRATA DEL CASTILLO FORTIFICADO MÁS ANTIGUO DE ESPAÑA 》》.

primeras décadas del siglo XI. Poco después se levantó una nueva torre del homenaje, de planta rectangular, muros de dos metros de espesor y cinco pisos, que elevan la torre a veintidós metros de altura. El mirador de la Reina y la Capilla Real fueron las últimas actuaciones del siglo XI en Loarre, pero no por ello las menos importantes. La Capilla Real es una excepcional muestra de arquitectura románica en Aragón.

A LA IZQUIERDA
Vista de las murallas del castillo de Loarre.

ARQUITECTURA DEL
Císter

ÉPOCA
Siglos XI-XIII d. C.
LOCALIZACIÓN GEOGRÁFICA
Francia, España.
CONSTRUCCIONES MÁS EMBLEMÁTICAS
Fontenay, Citeaux, Santes Creus.

BERNARDO DE CLARAVAL (1090-1153) fue el principal impulsor de la orden del Císter. Su estancia en la abadía de Citeaux le llevó a fundar filiales de la orden, como el monasterio de Claraval o Clairvaux (donde fue abad durante cuarenta años) o el de Fontenay. Defensor de la humildad y de la primacía del amor espiritual, dejó numerosos tratados, sermones y epístolas. Pese a no haber levantado ningún edificio, su criterio fue decisivo para fijar el modelo de planta de los monasterios cistercienses. A su muerte, en 1153, existían ya más de trescientos, sesenta y ocho de los cuales habían sido fundados directamente desde Clairvaux.

A LA IZQUIERDA
Claustro del monasterio de Fontenay.
PÁGINA SIGUIENTE ARRIBA
Vista general del monasterio de Santes Creus.
PÁGINA SIGUIENTE ABAJO
Vista del exterior de Fontenay.

EL CÍSTER ABOGABA POR LA SIMPLICIDAD Y LA AUSTERIDAD, FRENTE A LA SUNTUOSIDAD Y GRANDIOSIDAD DEL CLUNY.

Abadía de Fontenay
Abadía de Citeaux
Abadía de Santes Creus

LA AUSTERIDAD DE LAS COMUNIDADES del Císter se reflejó en el arte religioso y sobre todo en la arquitectura, caracterizada por el empleo de un modelo predeterminado que se impuso en todos los monasterios de la orden. Las distintas dependencias se estructuran alrededor del claustro. La iglesia, el refectorio, la sala capitular, el dormitorio, la fuente y, sobre todo, el propio claustro serán los elementos principales del monasterio.

La iglesia se construía normalmente en planta de cruz latina con capillas cua-drangulares. El presbiterio también era cuadrado, huyendo de las formas circulares, consideradas demasiado ornamentales. Una cancela o reja separaba la zona reservada a los monjes. Una puerta en el lado norte del transepto daba al cementerio, mientras que en el lado sur una escalera comunicaba la iglesia con el dormitorio.

En el exterior la austeridad se hizo patente en la carencia de fachada monumental con torres y en la ausencia de decoración, que llegó a afectar incluso a las vidrieras, que pasaron a realizarse con vidrio blanco. El material empleado era la piedra de color monótono. Estaba prohibida cualquier es-cultura, así como los detalles ornamentales o el revestimiento.

Un ejemplo puro de abadía cisterciense fue la de Fontenay, fundada en 1090 como filial de la abadía de Claraval. Directamente inspirada en ella, consta de una planta de tres naves y transepto con capillas de fondo plano y cabecera recta, con una cubierta de bóveda de cañón apuntada sobre arcos fajones. Las naves laterales se cubren con bóveda de cañón transversal a la nave central. Los amplios vanos del arco triunfal y la fachada iluminan la nave principal, que también recibe luz de las laterales. La ausencia total de decoración se extiende tanto en el interior como en el exterior. Este tipo de construcción se

El monasterio cistercense de Santes Creus fue ordenado construir en el año 1313 por Jaume II.

asemeja a la arquitectura borgoñona románica, y su papel fue decisivo en la introducción del gótico en Cataluña y en España.

Hacia el siglo XII la orden cisterciense entró en la península y en apenas quince años se fundaron monasterios tan representativos como los de Poblet y Santes Creus.

El monasterio fue fundado por Ramón Berenguer IV, conde de Barcelona y príncipe de Aragón, que donó las tierras a la orden cisterciense para la construcción de un monasterio que reforzara el dominio cristiano sobre la región. El claustro, de los siglos XII y XIII, tiene capiteles decorados con motivos vegetales, evitando toda representación figurada. A lo largo de las galerías se abren la cocina, la sala capitular, la biblioteca y el refectorio, frente al cual se levanta la fuente. La iglesia data de los siglos XII y XIII y consta de tres naves, con la central cubierta con bóveda de cañón con arcos fajones, mientras que las laterales se cubren con bóveda de crucería. El ábside se articula con un deambulatorio cubierto también con bóveda de crucería. A ambos lados del crucero se sitúan las sepulturas de los reyes de Aragón. Desde la iglesia se puede acceder al dormitorio, una espaciosa sala rectangular cubierta con techumbre de madera a dos vertientes y sustentada por arcos diafragmáticos.

Ausencia decorativa

No tenía que haber nada que distrajese a los monjes. Ésta era una de las causas por las que no había vidrieras de colores, ni pinturas ni otro tipo de decoración. La austeridad imperaba en cada rincón de los monasterios de la orden.

ÉPOCA
Siglos X-XIV d. C.
LOCALIZACIÓN GEOGRÁFICA
Italia.
CONSTRUCCIONES MÁS EMBLEMÁTICAS
Duomo, baptisterio y *campanile* de Pisa.

DURANTE PARTE DE LA EDAD MEDIA, la poderosa flota de Pisa dominó el Mediterráneo occidental. La armada pisana se encargó durante siglos de defender Roma y la Italia meridional de los musulmanes, en grandes batallas navales. A finales del siglo XI, Pisa era un centro comercial de primer orden entre las rutas comerciales de Oriente y Occidente. Los lazos comerciales con España y el norte de África en el siglo XII trajeron una gran riqueza y formaron la base de una revolución científica y cultural que quedó reflejada en el Campo dei Miracoli, donde se levantaron el *duomo* o catedral, el baptisterio y el *campanile* o campanario.

A LA IZQUIERDA
Portada principal del *duomo*.
ARRIBA
Detalle de la fachada del *duomo*.
PÁGINA SIGUIENTE
Campanile o Torre Inclinada de Pisa.

ARQUITECTURA ROMÁNICA
Toscana

SITUADO SOBRE UN ANTIGUO cementerio, este conjunto arquitectónico se inspiró en los antiguos templos paleocristianos de Roma, aunándolos con formas lombardas y motivos orientales. El resultado fue un conjunto de monumentos que anticipaban ya el renacimiento arquitectónico italiano.

La catedral o *duomo* de Santa María Assunta presenta planta de cruz latina con cinco naves en el brazo principal y tres en el transepto, separadas con gigantescas columnas monolíticas. Originariamente se cubría con techumbre de madera a doble vertiente y actualmente presenta techo plano con casetones. Las laterales se cubren con bóveda de arista y poseen tribuna en la parte superior. Una gran cúpula ovalada se levanta en la intersección del transepto. En el exterior, la planta baja se estructura mediante arcos ciegos decorados con rombos sobre pseudopilastras de origen lombardo. Como si de un relicario monumental se tratase, el baptisterio de Pisa se inició en 1152, aunque fue muy transformado posteriormente. De planta circular, se inspira en las formas tradicionales del baptisterio paleocristiano. En el interior se alternan pilares y columnas para rodear la pila bautismal octogonal. La altura de las arcadas eleva la vista hacia la tribuna superior y la cúpula. Su estructura original fue una cúpula interna de forma cónica cerrada por otra semiesférica.

Por último, el *campanile* o Torre Inclinada de Pisa se inició en 1174, con una original planta circular formada por un gran cilindro de núcleo vacío, envuelto por logias circulares de columnas que la relacionan con el baptisterio y el *duomo*. La coronación con un cuerpo de campanas de menor diámetro rompe la estructura uniforme. Levantada sobre un arenoso subsuelo de limo, la torre tiene como cimientos una plataforma de tan sólo tres metros de profundidad, lo que provocó que en 1185, cuando sólo se llevaban levantados tres pisos, comenzara ya a inclinarse. En 1275 se registró ya una inclinación de 17 centímetros. En ese año, Giovanni di Simone asumió la dirección de las obras y levantó otros tres pisos, intentando corregir el desnivel mediante la utilización de columnas de distintas alturas. A la muerte de Giovanni, en 1284, se hizo cargo de la finalización de las obras Tommaso Pisano, quien en 1350 colocó la sép-

Campanile de Pisa

Desde su construcción, la inclinación de la torre ha despertado controversia. Estuvo torcida desde que se edificó la tercera planta, debido, principalmente, a la inestabilidad del subsuelo, con una plataforma de escasos tres metros de profundidad.

tima planta y el campanario que lo corona. En el momento de terminarla, la torre presentaba una inclinación de 1,4 metros, pero el problema era que iba en aumento. En 1995 ya alcanzaba los 5,40 metros y corría serios riesgos de derrumbarse, lo cual llevó a las autoridades a iniciar un programa urgente de consolidación mediante la extracción de tierra de la parte opuesta a la inclinación. En la actualidad se ha conseguido enderezarla más de cuarenta centímetros y, lo más importante, estabilizarla por un periodo previsto de doscientos años.

49

LAS CÚPULAS SALUDAN AL VISITANTE DESDE LEJOS COMO SÍMBOLO DE LA CIUDAD.

Campanile

El *campanile* de Venecia ha sido testigo de hechos tan relevantes como la exhibición del telescopio de Galileo Galilei, quien, con el alcance visual de su nuevo instrumento, desde lo alto del monumento dejó perplejos a personalidades y curiosos.

Campanile ■ ■ Plaza y
Basílica
de San
Marcos

LA PLANTA DE
SAN MARCOS ES
un fiel reflejo del
Apostoleion, *martyrium* y mausoleo de
Constantino, que
fue reconstruido por los arquitectos de
Santa Sofía en época de Justiniano. Presenta
planta de cruz griega coronada por cinco
cúpulas. El interior se estructura en torno a
tres naves. El presbiterio está limitado por
el gran iconostasio de influencia bizantina.
Una ley de la República veneciana imponía
como tributo que los mercaderes adinerados regalaran algo para embellecer la basílica. De ahí que tanto el exterior como el interior se encuentren decorados con mármoles orientales, esculturas, bronces, dorados,
mosaicos, columnas y capiteles. San Marcos es un museo vivo de arte bizantino latinizado.

Cubriendo las cúpulas, muros y suelo de
la basílica, encontramos más de cuatro mil
metros cuadrados de mosaicos dorados
que datan, en su mayoría, del siglo XII y están considerados como el conjunto de mosaicos medievales mejor conservado del
mundo bizantino. En ellos las delicadas
técnicas musivarias fueron adoptadas por
los artesanos venecianos, combinando la
influencia bizantina con la tradición local.

ARQUITECTURA
Veneciana

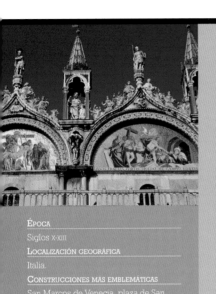

ÉPOCA
Siglos X-XIII
LOCALIZACIÓN GEOGRÁFICA
Italia.
CONSTRUCCIONES MÁS EMBLEMÁTICAS
San Marcos de Venecia, plaza de San
Marcos y *campanile*.

EN LA REPÚBLICA DE VENECIA el arte y la arquitectura bizantina predominaron durante los siglos XI y XII. Los maestros bizantinos no sólo se limitaron a recoger estas influencias, sino que las adaptaron a la tradición local y a las peculiaridades orográficas de la laguna. La catedral de San Marcos (iniciada en el año 1063), es un claro ejemplo de construcción realizada por maestros locales culturalmente ligados a Constantinopla. Fue levantada con la única misión de acoger los restos del apóstol san Marcos, que habían sido traídos por mercaderes desde Alejandría (otras hipótesis señalaban que pudieran ser los restos de Alejandro Magno), y que se encontraban en un templo destruido por un incendio en el 976.

A LA IZQUIERDA
Detalle de la fachada de San Marcos.
PÁGINA ANTERIOR ARRIBA
Características cúpulas venecianas.
PÁGINA ANTERIOR ABAJO
Campanile de Venecia, antiguo faro para navegantes.

LA CATEDRAL DE SAN MARCOS SE ADORNA CON MOSAICOS DORADOS DE MOTIVOS RELIGIOSOS, TANTO EN LOS MUROS COMO EN LAS CÚPULAS Y EL SUELO.

La fachada principal presenta cinco puertas decoradas con mosaicos, bajorrelieves, columnas de mármol y remates de estilo gótico florido. En la parte superior destacan los cuatro famosos caballos de bronce dorado griegos, del siglo IV a. C., que los venecianos tomaron del hipódromo de Constantinopla cuando la conquistaron, en 1204, durante la IV Cruzada. En realidad se trata de una réplica, ya que los originales se encuentran en el interior de la basílica, a resguardo de las inclemencias meteorológicas.

En época de la República, el Estado honraba oficialmente a los representantes de otras ciudades, invitándoles a subir a la terraza de la catedral para contemplar la plaza de San Marcos. Enmarcada por edificios tan importantes como la basílica, las procuradurías viejas y nuevas, la Fabbrica Nuova (hoy Museo Correr), la torre *dell'orologio* y el *campanile*. Con todo ello, no es de extrañar que Napoleón afirmara al contemplarla que sin duda era «el salón más bello de Europa».

El *campanile* original fue levantado en 1173 como faro para guiar mediante antorchas a los navegantes que entraban por la laguna. Desde entonces ha sido testigo de excepción de los acontecimientos históricos de la República veneciana. Desde lo alto, Galileo hizo una demostración de su telescopio al dux Leonardo Donà en 1609. El 14 de julio de 1902 esta construcción de ladrillos de Bérgamo, de casi cien metros de altura, se vino abajo sin causa aparente. Milagrosamente, no hubo víctimas ni pérdida de ninguna de las joyas arquitectónicas que lo rodean. Inmediatamente comenzaron a llegar donaciones para su reconstrucción y al año siguiente se colocaba la primera piedra para un *campanile dov'era e com'era,* es decir, donde estaba y como era. Empleando los mismos materiales y técnicas, se finalizó el día de san Marcos, 25 de abril de 1912.

Hispano-francesa

50

Gótico en España

La catedral de Burgos tiene gran influencia de Francia, ya que existían buenas relaciones entre los reinos cristianos peninsulares y el francés, lo que facilitó la entrada del estilo gótico, que se plasma también en otras catedrales de España.

Catedral de Chartres — Sainte-Chapelle

Catedral de Burgos

LA PRINCIPAL diferencia respecto a la arquitectura románica anterior fue la adopción del arco apuntado, capaz de sostener cargas mayores, y que permitió liberar los muros de cargas para abrir ventanales más amplios y pilares más estilizados. Esta técnica no fue una novedad del gótico, puesto que ya se empleó en la arquitectura islámica del siglo IX del norte de África, pero en el gótico generó un impulso vertical sin precedentes, cargado de simbolismo religioso, en relación con la aspiración simbólica de alcanzar a Dios.

La bóveda de crucería permitió una mejor canalización de las cargas que generaba, concentrándose en puntos concretos, que se reforzaban exteriormente mediante contrafuertes y arcos rampantes o arbotantes. El alzado de la nave central se mantuvo como en el románico, pero la mencionada canalización de las cargas permitió que se pudiera eliminar la tribuna y sustituirla por la línea de ventanas o triforio, que proporcionaba una mayor luminosidad.

Se tendió a crear estilizados tejados de aguja sobre las torres de las fachadas o en el cruce del transepto. La ornamentación escultórica no sólo se centró en las fachadas, sino que también se extendió a los contrafuertes exteriores, gárgolas de desagüe en las cubiertas, y en capiteles, bóvedas, pilares y pináculos.

A finales del siglo XII los arquitectos franceses de la región de Île-de-France habían investigado tan a fondo las posibilidades técnicas del arco apuntado que comenzaron a introducir formas de gran esbeltez que evolucionarían hasta alcanzar soluciones tan admirables como la catedral de Chartres, de 1260. Los sólidos contrafuertes y gruesos arbotantes del exterior contrastan con la sensación de amplitud y uniformidad del espacio interior. El alzado interior se compone de los tres niveles característicos de arcada inferior, arcos del triforio en el primer piso y vitrales del claristorio en el último. Las columnas y pilastras adosadas a los pilares ascienden por los muros, pasando por los tres niveles, hasta alcanzar los arcos fajones, creando una sensación de continuidad que acentúa la verticalidad.

Las buenas relaciones de Castilla y León con Francia facilitaron el conocimiento del nuevo estilo. La llegada de artistas galos permitió que se introdujera el gótico clásico. Con clara influencia francesa, la catedral de Burgos comenzó a construirse en el 1221, con planta de cruz latina de tres naves, siendo la central más ancha que las laterales. El transepto es de una sola nave y la cabecera presenta una girola con capillas poligonales. En el interior destaca la decoración de pilares con columnas adosadas, que se elevan hasta encontrarse con los arcos fajones de la bóveda. En alzado mantiene los tres pisos de arcadas entre pilares, tribuna y claristorio.

ÉPOCA
Siglos XII-XIV.

LOCALIZACIÓN GEOGRÁFICA
Francia, España.

CONSTRUCCIONES MÁS EMBLEMÁTICAS
Catedral de Chartres, Sainte-Chapelle,
catedral de Burgos.

LA REGIÓN FRANCESA de Île-de-France es considerada la cuna del Gótico. Se piensa que el primer edificio gótico fue la iglesia abacial de Saint Denis, cerca de París, donde bajo las ordenes del abad Suger se plasmaron en 1140 las primeras manifestaciones del gótico francés en su fachada occidental y la cabecera, con un luminoso coro con deambulatorio. Este edificio fijó las directrices estilísticas del gótico y abrió la puerta a la difusión, a partir del siglo XII, del nuevo estilo por toda Europa.

PÁGINA ANTERIOR
Contrafuertes de la catedral de Chartres.
ARRIBA
Remate de la fachada de la catedral de Chartres.
A LA DERECHA
Vista general de la catedral de Burgos.

Arquitectura Gótica
Inglesa

Gótico perpendicular

En la primera mitad del siglo XIV se instauró este estilo. Una gran verticalidad en sus formas, especialmente en las molduras, además del empleo de la bóveda de abanico, son algunos de los rasgos diferenciados de este gótico tardío.

51

Uno de los primeros antecedentes góticos se encuentra en la catedral de Durham (1093-1133), realizada bajo los influjos franceses, donde los nuevos elementos arquitectónicos se ensayan en una concepción del espacio todavía románica. Desde la segunda mitad del siglo XIII hasta la década de 1340, se desarrolló el *decorated style* (estilo decorado), de inspiración íntegramente inglesa y caracterizado por la proliferación de elementos decorativos curvilíneos y bóvedas profusamente decoradas. Este estilo alcanzó su apogeo en la reconstrucción, a finales del siglo XV, de la abadía de Westminster.

Comenzada en 1245, Westmister se construyó por expreso deseo del rey Enrique III, que pretendía competir con las grandes catedrales francesas levantando una de las iglesias más notables de Occidente. Pese a la estrecha relación con el gótico francés, en Westminster se escogieron elementos individuales franceses que se fundieron con las tradiciones locales inglesas. La planta no presenta el doble crucero inglés, sino que adopta el modelo francés de presbiterio coronado con capillas radiales y deambulatorio. En cambio, en el alzado sigue la tradición inglesa de introducir la tribuna en el piso intermedio en detrimento del triforio o el empleo en los pilares de mármol de Purbeck, muy apreciado por los arquitectos ingleses. Otro elemento novedoso fue el uso de la tracería, no sólo en las ventanas, sino para revestir completamente las paredes, aunando de este modo la arquitectura con la escultura.

Por último, desde principios del siglo XV hasta comienzos del XVI se generaliza el estilo gótico vertical o perpendicular, llamado así porque surge una nueva técnica de articulación que se basa en la proyección de ejes ortogonales en los muros, profusamente decorados y que confieren una concepción unitaria del espacio. Se emplean las llamadas bóvedas de abanico, caracterizadas por disponer radialmente los nervios, que arrancan del pilar formando un arco circular o semicircular. Los espacios de conjunción de cada uno de los abanicos suelen ser planos con plafones. Estas bóvedas generan un hermoso contraste con el verticalismo que domina en los exteriores.

La quintaesencia de este gótico perpendicular la encontramos en la capilla del King's College de Cambridge. De nuevo, los reyes encabezaron los más prestigiosos proyectos arquitectónicos. Enrique IV financió en 1446 la construcción de esta capilla, en la que las paredes se funden entre las superficies vidriadas; sólo en el zócalo se puede ver la pared cerrada, aunque está provisto de un enrejado de tracería. Los delgados baquetones de arista marcan la fuerte ascendencia vertical, que obliga a dirigir la vista hacia la bóveda.

ÉPOCA
Siglos XI-XV.

LOCALIZACIÓN GEOGRÁFICA
Inglaterra.

CONSTRUCCIONES MÁS EMBLEMÁTICAS
Catedral de Canterbury, abadía de
Westminster y King's College de Cambridge.

DURANTE
TODA LA
ÉPOCA
del gótico en In-
glaterra, se se-
leccionaron del
repertorio de for-
mas francesas
aquellas que mejor se podían
combinar con los principios an-
glonormandos. La persistencia
de modelos románicos se hizo
patente en la planta con doble
crucero y la cabecera plana, pero
la originalidad inglesa se desarrolló en la concepción del espacio
y el desarrollo de la decoración. La
asociación entre forma y estructura
se ve aquí rota tanto en fachadas
como con la marcada horizontalidad de los interiores. Se puede
decir que no se adoptó el sistema
del gótico francés en su totalidad,
sino que fue adaptado a las tradiciones inglesas.

ARRIBA
La abadía de
Westminster tiene
dos grandes torres
cuadradas.
A LA DERECHA
Detalle de la
portada de la
abadía de
Westminster.
PÁGINA ANTERIOR
Vista nocturna de
la abadía de
Westminster.

ARQUITECTURA DE LA FLORENCIA
Renacentista

Leon Battista Alberti

Se formó en el estudio de la arquitectura clásica, lo cual se plasma en sus construcciones, en las que hay un influjo de la pureza de los clásicos. Otro rasgo principal de Alberti era la proyección detallista de todas las partes de sus obras arquitectónicas.

52

EL LENGUAJE RENACENTISTA

busca su identidad en los modelos y los aspectos formales del mundo grecorromano. En las iglesias se mantuvo la planta basilical y la central con naves separadas por arcadas de medio punto, que descansan sobre columnas o pilastras. La nave central se cubre con bóveda de cañón o techumbre plana con casetones. Las laterales, con bóveda de cañón o de arista. Se vuelven a emplear, con variaciones, los órdenes antiguos y todo el repertorio de motivos ornamentales clásicos. Desapareció la proliferación decorativa, dejando paso a otra más rítmica, equilibrada y armoniosa.

Florencia, bajo la dinastía de los Medici, se consideró la cuna del Renacimiento. Verdadero emblema de la ciudad, la catedral de Santa María del Fiore es, junto con las de Roma y Milán, una de las mayores catedrales de la cristiandad. Iniciada en 1296 por Arnolfo di Cambio, presenta planta cruciforme de tres naves con coro formado por tres grandes ábsides y dos sacristías anexas. Las obras continuaron durante los siglos XII y XIII, pero en ningún momento se sabía cómo se iba a cubrir el espacio sobre el coro, que presentaba una abertura de cuarenta y dos metros de diámetro. En 1418 se organizó un concurso que fue ganado por Filippo Brunelleschi (1377-1446), quien, tras haber estudiado la cúpula del Panteón de Roma, propuso una arriesgada cubierta mediante una cúpula de ochenta y tres metros de altura y formada por un sistema de doble casco con cúpula interior semiesférica y cúpula exterior apuntada. La cúpula exterior, mucho más ligera, estaba formada por un sistema de nervios verticales que se combinaban con un sistema de construcción horizontal mediante círculos concéntricos.

Otra personalidad que destacó en la Florencia renacentista y contribuyó al engrandecimiento de este estilo fue Leon Battista Alberti (1404-1472). Este arquitecto genovés poseía un extraordinario conocimiento y dominio de la cultura clásica y, sin duda, fue uno de los pioneros en la renovación del código arquitectónico. Aunque sus edificios están entre los más importantes de la arquitectura renacentista, destacó más como teórico que como constructor. Proyectaba todos los elementos con detalle, pero nunca participó en la construcción efectiva de sus edificios.

Un ejemplo cumbre de su pureza clásica lo encontramos en la fachada de Santa María Novella, basílica de tres naves construida originalmente en 1300. Hacia 1459 Alberti proyectó la portada central, el ático rectangular y el frontón que lo corona. Para la decoración, empleó motivos tradicionales del románico toscano. Las pilastras y columnas embebidas recogen modelos de la Antigüedad que se funden con elementos más novedosos, como las volutas ascendentes, que actúan de contrafuertes y dotan de ligereza al conjunto.

ÉPOCA
Siglos XIV-XVI.

LOCALIZACIÓN GEOGRÁFICA
Florencia.

CONSTRUCCIONES MÁS EMBLEMÁTICAS
Cúpula de Santa María del Fiore, Santa María Novella y palacio Rucellai.

A GRANDES RASGOS, el Renacimiento fue una corriente artística y cultural, inspirada en el clasicismo griego y romano, que se difundió, con distintas variantes, en gran parte de Europa. El sentido de la proporción y de enaltecimiento que caracteriza a este estilo lo encontramos ya en edificios nacidos durante la Edad Media italiana, alejada de las verticalidades del norte de Europa. Hablamos de un movimiento urbano, un producto de las ciudades que florecieron en el centro y norte de Italia, como Florencia, Ferrara, Milán y Venecia, cuya riqueza financió los logros culturales renacentistas. Los Medici en Florencia o los Sforza en Milán se sumaron a este renacer y lo financiaron.

PÁGINA ANTERIOR
La fachada de Santa María Novella contiene elementos del románico toscano.
ARRIBA
Fachada del Palacio Rucellai.
A LA DERECHA
Cúpula de Santa María del Fiore.

SAN GIORGIO MAGGIORE, EN VENECIA, ES OTRA DE LAS MUESTRAS DE ESTE ESTILO DE ARQUITECTURA.

Novedades

Andrea di Pietro Dalla Góndola resucitó el estilo clásico en sus obras arquitectónicas, incluyendo novedades en las construcciones del Veneto, al norte de Italia, donde logró una simbiosis de elementos clásicos y nuevos aspectos funcionales.

ANDREA DI PIE-TRO DALLA GÓN-DOLA (Padua 1508-Vicenza 1580) inició sus estudios de arquitectura en su ciudad natal y en 1541 se trasladó a Roma con su protector, el humanista Gian Giorgio Trissino, que fue quien le dio el pseudónimo de Palladio en honor a la diosa griega de la sabiduría, Palas Atenea. Allí conoció la arquitectura clásica romana y entró en contacto con la obra de Vitrubio *De architectura* (siglo I a. C.), único tratado teórico de la arquitectura de la Antigüedad que se conserva y que, editado en Roma en 1486, permitió a los arquitectos italianos de la época conocer de primera mano las reglas geométricas para la construcción de los tan admirados templos y ciudades de la Antigüedad.

Según Vitrubio, toda obra arquitectónica debía cumplir tres principios básicos: *firmitas* (firmeza), *venustas* (belleza) y *utilitas* (utilidad). Éstos debían equilibrarse para alcanzar la perfección. Contemplando las edificaciones que levantó Palladio a lo largo de la zona del Veneto, nos damos cuenta de la gran influencia que

ARQUITECTURA DE PALLADIO EN EL
Véneto

ÉPOCA

Siglo XVI.

LOCALIZACIÓN GEOGRÁFICA

Italia.

CONSTRUCCIONES MÁS EMBLEMÁTICAS

Villa Rotonda (Vicenza, 1569), Villa Barbaro (Maser, 1555), Il Redentore (Venecia, 1577), San Giorgio Maggiore (Venecia, 1566).

LA REGIÓN DEL VENETO, en norte de Italia, es una zona marcada por el poderío económico, cultural y político de la ciudad de Venecia en los siglos XV y XVI. En el mismo año del nacimiento de Palladio se inicia en esta zona una cruenta guerra conocida como la Liga de Cambrai (1508-1517), promovida por el papa Julio II y en la que también participaron España, Hungría, Saboya, Florencia y Mantua, con el único objetivo de desintegrar la República de Venecia. Esta guerra dañó los campos del Veneto. Fue de esta manera como surgieron las villas como nuevos centros de cultivo de la región y que tuvieron en Palladio su máximo artífice.

A LA IZQUIERDA
Vista aérea de Villa Rotonda.
PÁGINA ANTERIOR ARRIBA
Vista de San Giorgio Maggiore donde se aprecia el equilibrio de sus formas.
PÁGINA ANTERIOR ABAJO
Villa Barbaro, fiel reflejo de la arquitectura clásica romana.

VILLA ROTONDA ES UNA CONSTRUCCIÓN QUE TIENE CUATRO LADOS EXACTAMENTE IGUALES, CADA UNO DE ÉSTOS CON CUATRO PÓRTICOS.

ejercieron en este artista los principios vitrubianos.

La principal novedad que el arquitecto introdujo en las villas residenciales fue la combinación de elementos del lenguaje clásico según las necesidades funcionales de cada edificio.

Así, no dudó en unir la parte principal de la edificación, donde residían los señores, al resto de las estancias con funciones productivas, mediante galerías que permitían desplazarse a cubierto entre ellas. También fue el primero en introducir los

pórticos con frontones clásicos en estos edificios residenciales.

Un claro ejemplo lo tenemos en la villa Rotonda, de planta de cruz griega, con cuatro pórticos de columnas jónicas elevados sobre estereobato, cúpula central y esculturas que decoran la fachada. Otros ejemplos son la villa Badoer (Rovigo), villa Barbaro (Maser) o la villa Foscari (Gambarare di Mira), más conocida como la Malcontenta.

En cuanto a las obras religiosas y civiles hay que mencionar que Palladio recibe la

influencia de maestros del alto Renacimiento italiano como Donato Bramante, pero con una interpretación propia de los motivos romanos. Entre sus obras más representativas destacan sus palacios de la ciudad de Vicenza, el recinto exterior del palacio della Ragione o Basílica, palacio Thiene, palacio Chiericati y el palacio Valmanara.

Entre los años 1560 y 1580 también construyó varias iglesias en la ciudad de Venecia, destacando San Francesco della Vigna, San Giorgio Maggiore y la monumental iglesia de Il Redentore.

ÉPOCA

Siglos XV-XVII.

LOCALIZACIÓN GEOGRÁFICA

Italia.

CONSTRUCCIONES MÁS EMBLEMÁTICAS

Basílica de San Pedro, plaza de San Pedro.

EL ALTO OBELISCO EGIPCIO que se levanta en el centro de la plaza de San Pedro fue mandado traer a Roma por el emperador romano Calígula para adornar la espina del circo que, posteriormente, se conocería como Circo de Nerón. Situado al sur de la colina vaticana, en este circo muchos cristianos sufrieron cruel martirio. Entre ellos se encontraba, según la tradición, el apóstol Pedro, que fue mandado crucificar boca abajo por Nerón en el año 64 d. C. y que fue enterrado en las inmediaciones.

A LA IZQUIERDA
Cúpula de la basílica de San Pedro.
ARRIBA
Fachada de San Pedro.
PÁGINA SIGUIENTE
El Vaticano desde la plaza de San Pedro.

ARQUITECTURA
Vaticana

Catedral y Plaza
de San Pedro

DESPUÉS DE PRO-
NUNCIARSE A fa-
vor de la religión
cristiana, el empe-
rador Constantino
mandó construir en
el año 319 una pequeña iglesia sobre el sepulcro del apóstol. Tras numerosas modi-
ficaciones a lo largo de los siglos, finalmente en el siglo XVI se decidió levantar una
nueva y grandiosa edificación que fuera la
iglesia madre de todos los católicos. Para
ello, el papa Julio II (1503-1513) hizo llegar
a Roma a Donato Bramante, quien proyectó una basílica de planta centralizada,
dada su función de *martyrium*. La muerte
de Julio II en 1513 y la de Bramante un año
después hicieron que el proyecto de éste,
del que ya se habían levantado los cuatro
grandes pilares que sustentarían la cúpula,
se paralizara. Los nuevos proyectos de Ra-
fael, Baldassare Peruzzi y Antonio da San-
gallo preferían ya la planta basilical, pero
no aportaban ideas convincentes. En 1547
el gran Miguel Ángel se hizo cargo de las
obras y, con su gran sensibilidad artística,
decidió que San Pedro tenía que tener una
planta centralizada con cúpula para ser
una «Jerusalén celeste» de piedra, por lo
que retomó el proyecto de Bramante. A la
muerte de Miguel Ángel, en 1564, gran

parte del templo presentaba ya su aspecto
definitivo, aunque la cúpula aún no se había comenzado a levantar.

Durante el pontificado de Pablo V (1605-
1621), se encargó a Carlo Maderno modificar la estructura creada por Miguel
Ángel, alargando el brazo oriental para
conseguir la planta de cruz latina. Gracias
a ello la basílica alcanzó una longitud de
ciento ochenta y seis metros. La fachada
también se encargó a Maderno, quien
aplicó el esquema de Miguel Ángel de ocho
columnas y cuatro pilares, que sostienen un
entablamento, sobre el que se levanta el
frontón bajo y una balaustrada rematada por
esculturas monumentales de Jesucristo y los
apóstoles (excepto san Pedro).

A pesar de sus grandiosas dimensiones, el
interior de la basílica no da la impresión de
gigantismo, debido a las equilibradas proporciones de los espacios, la armonía de
los elementos ornamentales y la concepción unitaria de la decoración. Carlo Maderno siguió el modelo previsto por Miguel
Ángel en el espacio central y empleó grandes arcadas sustentadas por gruesas columnas recubiertas por pilastras corintias,
que separan la nave central de las estrechas naves laterales. Sobre las arcadas se

Plaza de San Pedro

Alejandro VII eligió a Bernini para realizar
el proyecto de una plaza junto a la
basílica. Tras diversos proyectos, el
arquitecto dejó finalmente la plaza
ovalada, que queda conectada a la
basílica a través de unas alas divergentes.

abren ventanas en la bóveda de cañón con
casetones dorados. Bajo la inmensa cúpula
y enmarcado por los cuatro pilares de veinticuatro metros de diámetro que la sostienen, se levanta el Baldaquino de San Pedro
(1624), obra de Gian Lorenzo Bernini (1598-
1680). Mandado construir por Urbano VIII,
de la familia Barberini, sobre la supuesta
tumba del apóstol san Pedro.

Pero, sin duda, lo más destacado de San Pedro es la cúpula, cuya silueta domina la ciudad de Roma. Su diámetro, de cuarenta y
dos metros, es menor que el de la cú- ▸

« La cúpula es similar al modelo de la catedral de Florencia. Caracterizada por el casquete doble de cúpula en forma de media esfera, está alzada sobre un tambor articulado con columnas de orden corintio. Tiene una nervadura exterior que traspasa el peso de la cúpula hacia los contrafuertes, y la luz entra a través de unas ventanas que se encuentran entre columnas gemelas. Ultimaron la construcción de la cúpula, tras la muerte de Miguel Ángel, los artistas Giacomo della Porta y Domenico Fontana » .

pula del Panteón, pero debido a su mayor altura, de ciento treinta y dos metros y medio, es mucho más impresionante. Su proyección se remonta a 1546, cuando Miguel Ángel asumió la dirección de las obras de San Pedro. A su muerte aún no se había levantado, pero fieles al proyecto del artista florentino, Giacomo della Porta y Domenico Fontana la completaron, colocando la última piedra en 1590. Siguiendo el modelo de la célebre cúpula de la catedral de Florencia, de Brunelleschi, presenta un doble casquete de cúpula semiesférica en el interior y apuntada en el exterior. Se levanta sobre un poderoso tambor articulado con columnas corintias gemelas y recio entablamento. La nervadura exterior dobla en número a la de Brunelleschi y transmite el peso de la cúpula hacia los contrafuertes, ocultos tras las dobles columnas del tambor. Se halla coronada por una linterna que deja pasar la luz a través de ventanas situadas entre columnas gemelas. Una de las últimas actuaciones en San Pedro fue el encargo que en 1656 recibió Bernini del papa Alejandro VII para diseñar la plaza frente a la basílica. El proyecto de Bernini se basaba en la unión de dos plazas, una con forma elíptica *(piazza obliqua)* y otra cuadrangular *(piazza retta)*, delimitada por los edificios laterales de las dependencias vaticanas. La primera se encuentra enmarcada en sus curvas más marcadas por cuatro filas de columnas dóricas, a modo de brazos extendidos que simbolizan la «Madre Iglesia» que acoge a los fieles. Estos brazos se coronan con una balaustrada con un total de ciento cuarenta esculturas de santos, mártires, papas y fundadores de órdenes que dan la bienvenida a los fieles desde la altura.

A la izquierda
Vista de Roma desde la cúpula del
Vaticano.

SERÁ A PARTIR DE 1580 CUANDO COMIENCEN A ADIVINARSE EN ROMA RASGOS DE ESE ARTE CONTRARREFORMISTA.

Gian Lorenzo Bernini

Bernini es considerado por muchos como el artista más clasicista y armonioso del Barroco. Representó perfectamente al arquitecto integral, que se encargaba de cualquier mínimo detalle de su obra.

Iglesia del Gesú — Fontana dei Fiume

San Carlo Alle Quattro Fontane

HACIA 1540, IG-NACIO DE LO-YOLA fundó la Compañía de Je-sús, cuyas reglas básicas eran la cas-tidad, la pobreza y el servicio al Santo Padre. Pío IV encontró en esta Compañía una garantía de la plasmación de los postulados emanados del Concilio de Trento, por lo que los jesuitas se convirtieron en los prin-cipales impulsores de la Contrarreforma. Los nuevos edificios de la Compañía se convirtieron de este modo en modelos ar-quitectónicos barrocos para las grandes ca-pitales católicas.

La primera iglesia jesuita en Roma fue Il Gesù, iniciada en 1568 por Giacomo Vignola, que introdujo una nueva concep-ción del espacio al fusionar la nave lon-gitudinal de la planta basilical con la planta centralizada del Renacimiento, re-sultando una construcción con cúpula de intersección que se convertiría en modelo para muchas iglesias barrocas. El coro aparece desvinculado completamente de la nave, enfatizando esa distinción en-tre clérigos y laicos que proclamaba la Contrarreforma. El altar, visible desde cualquier punto de la iglesia, debía de concentrar la atención de los fieles, por lo que la decoración es mínima en el in-

ARQUITECTURA BARROCA
en Roma

EN UNA DE LAS ÚLTIMAS SESIONES del Concilio de Trento de 1545, se publicó un corto decreto sobre el culto a los santos, reliquias e imágenes, en el que la Iglesia reafirmaba su doctrina para combatir la tendencia iconoclasta de la reforma luterana. También definía la imaginería de los templos, en la que se debían evitar los abusos derivados de la superstición popular y de las libertades del artista del Renacimiento. Sin duda alguna, éstas y otras directrices que debían regir la Iglesia influyeron en el arte que se estaba gestando en Roma, el corazón de la cristiandad.

ÉPOCA
Siglos XVI-XVIII.
LOCALIZACIÓN GEOGRÁFICA
Roma.
CONSTRUCCIONES MÁS EMBLEMÁTICAS
Il Gesù, San Carlo Alle Quattro Fontane, Fontana dei Fiume.

LA PRIMERA IGLESIA JESUITA EN ROMA FUE IL GESÙ, INICIADA EN 1568 POR GIACOMO VIGNOLA, QUE INTRODUJO UNA NUEVA CONCEPCIÓN DEL ESPACIO.

terior. La fachada aúna elementos renacentistas y barrocos y fue realizada por Giacomo della Porta en 1575. La planta y la estructura de esta iglesia ejercieron más influencia que las de cualquier otra iglesia romana de la época. Como ejemplo podemos citar en la propia Roma las iglesias de San Ignacio de Loyola, San Andrés del Valle o Santa Susana.

El centro de irradiación del lenguaje barroco fue Roma, de donde surgieron artistas como Carlo Maderno (1556-1629), pionero del nuevo estilo, y sobre todo Gian Lorenzo Bernini (1598-1680) y Francesco Borromini (1599-1667).

Bernini es considerado por muchos como el artista más clasicista y armonioso del Barroco. Sorprendió a Roma con sus asombrosas esculturas antes de cumplir los veinte años, comparándosele ya con Miguel Ángel. Pero su actividad no se redujo a la escultura, sino que también fue un gran arquitecto, pintor y escenógrafo. Representó perfectamente al arquitecto total, que se encargaba de cualquier mínimo detalle de su obra.

Como arquitecto, Bernini mantuvo una manifiesta rivalidad con Francesco Borromini, quien trabajó a sus órdenes en el baldaquino de la basílica de San Pedro. Sus primeros proyectos fueron religiosos, como la iglesia de Santo Tomás en Castelgandolfo, la de Santa María de la Asunción en Ariccia o el templo de San Andrés del Quirinal de Roma, quizá su obra religiosa más lograda. También se le encargaron obras civiles como el palacio Ludovisi o el palacio Chigi, o fuentes como la del Fiume en la plaza Navona o la del Tritón.

Borromini representa la esencia del Barroco frente al clasicismo de Bernini. Opuso al virtuosismo genial el aparente capricho de unas estructuras que a menudo parecían desafiar las leyes de la naturaleza.

ARQUITECTURA BARROCA
en España

56

Rococó

Basado en el barroco italiano, introduce una decoración de elementos vegetales y animales, con profusión del uso de la *rocaille* (trabajo en roca), de la que toma nombre el movimiento.

A DIFERENCIA DE LAS CIUDADES ITALIANAS, EN Madrid no hubo ningún plan urbanístico que organizara el crecimiento de la ciudad, pero sí actuaciones concretas, como la llevada a cabo en la Plaza Mayor, paradigma del primer barroco español.

Llamada en otros tiempos plaza del Arrabal, fue durante siglos el lugar elegido para celebrar actos oficiales, fiestas populares y corridas de toros. La imagen actual corresponde a la reforma llevada a cabo en 1617 por el arquitecto real Juan Gómez de Mora. Comenzó edificando la Real Casa de la Panadería, que era panadería en la planta baja y residencia de los reyes en las plantas superiores. Es sin duda el edificio más destacado de la plaza y está adornado por frescos en su fachada. Frente a ella está la Casa de la Carnicería, ocupada hoy por dependencias municipales. En el centro de la plaza se encuentra la estatua ecuestre de Felipe III, realizada en bronce por Juan de Bolonia.

El gusto por formas cada vez más ornamentadas se dará a partir de la segunda mitad del siglo XVII, cuando los vestigios herrerianos se sustituyen por elementos decorativos que se concentran sobre todo en vanos, fachadas e interiores. Se busca la magnificencia escenográfica por medio de la distorsión y el retorcimiento de los ornamentos, empleando estucados, dorados y policromados. A este estilo se lo llama churrigueresco por la familia Churriguera, arquitectos que realizaron los edificios más importantes de esta escuela, como la Plaza Mayor de Salamanca. Otro foco se encuentra en la iglesia de Santa María la Blanca de Sevi-

lla, cuyo interior es todo un alarde de bóvedas decoradas con estucos, en los que se aprecia el *horror vacui* o miedo al vacío, realizados por los hermanos Pedro y Miguel de Borja en 1659.

A mediados del siglo XVIII surge en Francia un nuevo estilo, denominado rococó, basado en el barroco italiano, pero introduciendo una profusa decoración de elementos vegetales y animales, con profusión del uso de la *rocaille* (trabajo en roca), de la que toma nombre el movimiento. En España este estilo se manifestó sobre todo en los ambientes palaciegos, como en la Granja de San Ildefonso (1719-1739) y en portadas de edificios civiles como el palacio del Marqués de Dos Aguas, en Valencia (1740), diseñada por Hipólito Rovira y construida por Ignacio Vergara empleando el alabastro y el estuco. Como si de un retablo se tratara, la portada está articulada en dos pisos. En el inferior dos figuras alegóricas de los ríos Turia y Júcar aluden al título nobiliario del propietario del palacio. En el piso superior una hornacina aureolada contiene la imagen de la Virgen del Rosario. Los estucos que enmarcan la balconada muestran la personal interpretación del rococó que tuvo el maestro Rovira.

ÉPOCA
Siglos XVI-XVIII.

LOCALIZACIÓN GEOGRÁFICA
España.

CONSTRUCCIONES MÁS EMBLEMÁTICAS
Interior de Santa María la Blanca (Sevilla),
Plaza Mayor de Madrid, fachada del palacio
del Marqués de Dos Aguas (Valencia).

LA ARQUI-
TECTURA
BARROCA
se introduce en
España a fina-
les del siglo XVI
y se desarrolla
durante gran
parte del XVII de
manera más
contenida y aus-
tera que la italiana, debido sobre
todo al éxito que la arquitectura
herreriana y escurialense había
tenido en la casa de Austria. Madrid adquiere importancia a partir del asentamiento en ella de la
corte de Felipe II (1556-1598),
dada su situación privilegiada
en el centro de la península.
Esto repercutió en un crecimiento demográfico y, por ende,
un desarrollo urbanístico sin
precedentes.

ARRIBA
La Plaza Mayor de
Madrid es un claro
ejemplo del primer
barroco civil
español.
A LA DERECHA
Fachada rococó
del palacio del
Marqués de Dos
Aguas.
PÁGINA ANTERIOR
Plaza Mayor de
Madrid. Detalle
del escudo y los
balcones.

ARQUITECTURA BARROCA
Gallega

ÉPOCA
Siglos XVII-XVIII.

LOCALIZACIÓN GEOGRÁFICA
España.

CONSTRUCCIONES MÁS EMBLEMÁTICAS
Fachada del Obradoiro, santuario Das Ermidas.

CUENTA UNA LEYENDA que san Jaime o Santiago se aparecía en sueños invitando a quien le pedía alguna gracia a visitarlo «donde la tierra acaba y el mar comienza», en la *Finis Terrae*, de donde deriva Finisterre, en el lugar donde un campesino, mientras trabajaba la tierra, encontró sus restos mortales tras ver «una luz tan cegadora como una estrella». Ese campo se llamó *Campus Stellae* (Compostela) y sobre él se construyó un primitivo santuario. La catedral de Santiago de Compostela es centro de peregrinación e interés artístico de numerosos visitantes de todo el mundo.

A LA IZQUIERDA
Fachada del Obradoiro.
PÁGINA SIGUIENTE ARRIBA
La Catedral de Santiago de Compostela, importante lugar de culto de la cristiandad.
PÁGINA SIGUIENTE ABAJO
Santuario Das Ermidas.

MIENTRAS DURÓ LA CONSTRUCCIÓN DE LA CATEDRAL, EL ESTANDARTE DE SANTIAGO REPRESENTÓ A LA CRISTIANDAD EN TIERRA ISLÁMICA.

Catedral de Santiago
Santuario Das Ermidas

A LO LARGO DE LA **EDAD MEDIA** ESTE SANTUARIO se convirtió en el destino de miles de peregrinos, lo que obligó a Alfonso VI (1065-1109) y al obispo Diego Peláez a iniciar la construcción de la actual catedral románica, con planta de cruz latina.

Mientras duró la edificación, Santiago fue uno de los estandartes de la cristiandad en tierra islámica, por lo que se elevó a sede episcopal en el año 1095. A partir del siglo XI se consolidará plenamente esta ruta de peregrinación, coincidiendo

con el crecimiento y la expansión económica que se producen en toda Europa. La catedral se fue ampliando y modificando con el transcurso de los siglos; se le añadieron nuevas torres, una cúpula sobre el crucero y un claustro de estilo gótico flamígero. Entre los años 1168 y 1188 se levantó allí el Pórtico de la Gloria, obra maestra del románico español, que al principio estaba al aire libre, con sus valiosas esculturas a la intemperie. En el siglo XV una de las dos torres, la conocida como Torre de las Campanas, comenzó a desviarse y hubo que apuntalarla con un cuerpo rectangular decorado con ventanas ciegas, que aún se conserva. El continuo deterioro sufrido por el

paso del tiempo llevó a que en 1667 se iniciara la construcción de la actual fachada bajo la dirección de José Peña de Toro y Domingo de Andrade, que protegió el Pórtico de la Gloria con un amplio nártex. Se levantaron también las actuales Torre de las Campanas, obra de Fernando Casas y Novoa, y la Torre de la Carraca, de Peña del Toro.

Durante el apogeo constructivo que vivió España en el siglo XVIII con el afianzamiento del barroco, se abordó la construcción en 1738-1750 de la fachada del Obradoiro, obra maestra del barroco español. Con ella se rinde homenaje a los *obradoiros* o talleres de artesanos que participa-

DURANTE LA EDAD MEDIA SANTIAGO DE COMPOSTELA SE CONVIRTIÓ EN EL DESTINO DE NUMEROSOS PEREGRINOS.

ron en su construcción. La fachada era semejante a las ya existentes en los lados norte y sur, pero con las torres más altas. La verticalidad de la fachada muestra una personalidad propia, integrando las torres en el conjunto. Grandes cristaleras permiten la perfecta iluminación del interior; y en los laterales, casi perdidas en la exuberancia de la fachada, aparece todo un compendio de esculturas referentes a la vida de Santiago. Realizadas por diversos artistas, representan a los discípulos y familiares de Santiago: en lo alto aparece el propio Santiago peregrino.

En la localidad ourensana de O Bolo encontramos una de las mejores muestras

del arte barroco rural gallego en el santuario Das Ermidas (las ermitas). Sus orígenes se remontan al año 1624, fecha en que se le apareció la Virgen al obispo Alonso Mesía y Tovar y le sanó de una enfermedad incurable. Como agradecimiento, el obispo mandó comenzar las obras del templo. La parte más importante del edificio se hizo a principios del siglo XVIII, época de la que data su fachada, en la que destacan sus altas torres, que recuerdan a las barrocas torres de la fachada del Obradoiro de Santiago de Compostela. Convertido en centro de peregrinación, este santuario es famoso por el vía crucis que se celebra en él en Semana Santa.

Santuario Das Ermidas

En la provincia de Ourense, en la localidad de O Bolo, encontramos una de las mejores muestras del arte barroco rural gallego en el Santuario Das Ermidas (las ermitas).

211

Vista al atardecer de la Catedral
de Santiago de Compostela

Arquitectura
Versallesca

A UNOS DIECISÉIS KILÓMETROS DE PARÍS se encuentra la localidad de Versalles, que creció alrededor de la corte real, que se asentó allí a mediados del siglo XVI. Una vez que Luis XIV decidió que Versalles iba a ser sede de su corte, se hizo necesario ampliar el *château* existente, construido por su padre, Luis XIII, en 1623 como pabellón de caza. Lo más destacado de este palacio son sus hermosos jardines, que han sido copiados en todo el mundo. Este hermoso palacio es el referente del llamado estilo Luis XIV, que plasmó todo el poder de la corte en la realización del edificio, su decoración y los hermosos jardines que lo rodean.

58

A LA IZQUIERDA
Exterior del palacio de Versalles.
PÁGINA SIGUIENTE ARRIBA
Fachada del palacio de Versalles.
PÁGINA SIGUIENTE ABAJO
jardines del palacio de Versalles.

ÉPOCA
Siglos XVII-XVIII.
LOCALIZACIÓN GEOGRÁFICA
Francia.
CONSTRUCCIONES MÁS EMBLEMÁTICAS
Palacio de Versalles (Fuente Carro Apolo, Galería de los Espejos, Capilla de Palacio, *Parterre d'eau* y jardines).

CONOCIDO COMO EL REY SOL, LUIS XIV PLASMÓ EN VERSALLES LA SUNTUOSIDAD Y OPULENCIA DE SU PODER.

Palacio Real de Versalles

HABLAR DE VERSALLES ES hablar de Luis XIV y su deseo de ofrecer la representación arquitectónica del poder absoluto. Abordó una política de centralización del poder, bajo el lema «l'État c'est moi» (el Estado soy yo), que inició con la ampliación de Versalles. A finales de la década de 1660, hizo traer al arquitecto Louis Le Vau, que trabajó allí desde 1661 hasta su fallecimiento, en 1670. Considerado el creador del estilo Luis XIV, Le Vau se rodeó de excelentes pintores, escultores, decoradores y jardineros para llevar a cabo la reedificación del palacio real por antonomasia. Sus primeras actuaciones se centraron en levantar dos cuerpos de habitaciones en torno al edificio anterior, uno para el rey y otro para la reina.

La decoración de estas nuevas estancias estuvo supervisada por el pintor Charles Le Brun, quien empleó el estuco y la pintura y los materiales más suntuosos. Entre las dependencias más destacadas están el Apartamento Grande del Rey, el Apartamento Grande de la Reina, y la llamada Escalera de Embajadores.

La Paz de Nimega (1678-1679) puso fin a la guerra con Holanda, iniciada en 1672 cuando las tropas francesas de Luis XIV invadieron aquel país. Francia, que salió muy reforzada de este conflicto, vivió desde entonces casi una década de paz, que aprovechó para comenzar la remodelación definitiva de Versalles.

Nombrado arquitecto real en 1675, Jules Hardouin-Mansart recibió el encargo de modificar algunas de las partes construidas por Le Vau y añadir nuevos elementos arquitectónicos, que iban ampliando considerablemente el recinto palaciego. Añadió dos nuevas alas, que se extendían por el lado norte (destinado a la administración) y el lado sur (para uso de los príncipes). Entre las distintas estancias cabe destacar la capilla, dedi-

La decoración de las estancias estuvo supervisada por el pintor Charles Le Brun, quien empleó el estuco, la pintura y los materiales más suntuosos.

cada a san Luis, que presenta un alzado estructurado en dos pisos con arcadas y tribuna. Ricamente decorada con mármoles, dorados, bronces y frescos, no resulta en cambio sobrecargada. A ella se accede desde la Galería de los Espejos, de cuya decoración se encargó de nuevo Le Brun, colocando ventanas enfrentadas a arcadas que, mediante espejos, reflejan los jardines.

Las actuaciones de Mansart en Versalles no se limitaron a las dependencias del palacio, sino que también realizó otros edificios significativos, como las monumentales caballerizas que debían albergar a los más de doscientos caballos del rey, así como las dependencias para el personal

encargado de su cuidado. También levantó en los jardines un nuevo invernadero y el Gran Trianon, palacete de una sola planta que servía de lugar de retiro de Luis XIV.

Los jardines realizados por el paisajista André Le Nôtre (1613-1700) se extienden en anchas avenidas alineadas con árboles, arbustos y grupos escultóricos. Considerado como el creador del jardín francés, Le Nôtre supo ordenar y someter la naturaleza a la razón. Con más de noventa y cinco hectáreas, los jardines muestran una fascinante sucesión de estanques, fuentes, grupos escultóricos, bosquecillos y juegos de aguas que requirieron un sistema de conducción de agua de casi ciento sesenta kilómetros.

Jardines de Versalles

Realizados por el paisajista André Le Nôtre (1613-1700) se extienden en anchas avenidas alineadas con árboles, arbustos y grupos escultóricos. Considerado como el creador del jardín francés, supo ordenar y someter la naturaleza a la razón.

La mayoría de las construcciones se inspiraron en tipologías y modelos arquitectónicos tomados de Italia.

Palacio de Aranjuez

El proyecto original fue obra de Juan Bautista de Toledo, continuado posteriormente por Juan de Herrera, siguiendo la línea de construcciones del barroco monárquico español.

La Granja de San Ildefonso
Palacio Real de Aranjuez

CON LA LLEGADA AL TRONO EN 1700 de Felipe V (1683-1746), primer monarca de la Casa de Borbón, el gusto francés por las residencias reales periféricas influyó definitivamente en los reales sitios españoles.

Educado en el refinamiento versallesco, el rey eligió la Granja de San Ildefonso como refugio, dado su desinterés por los asuntos de Estado. Por encargo del monarca, el arquitecto de origen alemán Teodoro Ardemans proyecta un palacio sobre una antigua granja de los Jerónimos, que se concibe a la manera de un pequeño alcázar en torno a un patio cuadrado, flanqueado por cuatro torres con chapiteles en las esquinas.

Siguiendo las directrices de la arquitectura tradicional española del siglo XVII, añade en el lado oeste una capilla con torres laterales y gran cúpula central. Por iniciativa de Isabel de Farnesio, segunda esposa del rey, entre 1727 y 1734 el palacio fue ampliado por los artistas italianos Andrea Procaccini, Sempronio Subisati y Filippo Juvara. Se proyectaron dos nuevos patios en

Arquitectura de los
Reales Sitios

Estos Reales Sitios eran el marco adecuado para desarrollar el refinamiento propio del ideal cortesano de la Casa de los Borbones. La mayoría de las construcciones se inspiraron en tipologías y modelos arquitectónicos tomados de Italia y desarrollados en edificios singulares, como villas, palacios, jardines y fuentes. Estas construcciones son un claro ejemplo del barroco monárquico español, fiel seguidor de los gustos y modas de la corte francesa. Este gusto por lo francés se consolidó a partir del reinado de Felipe V. Los jardines emulan los de Versalles, modelo de la época en todo el mundo.

ÉPOCA

Siglos XVII-XVIII.

LOCALIZACIÓN GEOGRÁFICA

España.

CONSTRUCCIONES MÁS EMBLEMÁTICAS

Real Sitio de la Granja de San Idelfonso (fachada del palacio, fuente de los Baños de Diana), Real Sitio de Aranjuez.

A LA IZQUIERDA
Fachada principal del Real Sitio de Aranjuez.
PÁGINA ANTERIOR ARRIBA
Vista del impresionante Real Sitio de la Granja de San Idelfonso.
PÁGINA ANTERIOR ABAJO
Los motivos de las esculturas de las fuentes del Real Sitio de Aranjuez representan escenas mitológicas.

EN EL EXTERIOR TAMBIÉN DESTACAN LOS HERMOSOS JARDINES FORMADOS POR CALLES, PLAZOLETAS, BOSQUECILLOS Y FUENTES ESCULTÓRICAS.

forma de U, que prolongaban las fachadas este y oeste. La fachada oeste da a la población y se unió a las casas de oficios generando un gran espacio arquitectónico presidido por la colegiata como fondo de simetría. La fachada este daba a los jardines y es considerada como la más notable del barroco clasicista. Está formada por una galería plana y continua en la que se suceden rítmicamente vanos y columnas o pilastras de orden gigante que sustentan el entablamento superior. Corona la composición un magnífico atrio rectangular decorado con motivos heráldicos y una balaustrada.

En el exterior destacan los hermosos jardines formados por calles, plazoletas, bosquecillos y fuentes escultóricas proyectados por René Carlier. El programa iconográfico de las esculturas y fuentes de la Granja se basa en los relatos mitológicos de Neptuno, Anfitrite y Diana Cazadora.

Entre las numerosa fuentes destaca la de los Baños de Diana (1745). En ella Diana descansa de la caza, atendida por cinco ninfas que la asean, mientras que otras, distribuidas por el estanque, juegan con perros y delfines. Detrás, y en medio de una especie de escenario arquitectónico de piedra y már-

moles, aparece Acteón tocando la flauta y contemplando la idílica escena.

El Real Sitio de Aranjuez también sufrió un considerable proceso de transformación. El proyecto original, obra de Juan Bautista de Toledo, fue continuado posteriormente por Juan de Herrera siguiendo la línea de construcciones del barroco monárquico español. Tras el incendio de 1748, Fernando VI encargó su reconstrucción a Santiago Bonavia, quien dotó de un carácter más solemne a la fachada principal, añadiendo un piso y un ático heráldico similar al del palacio de La Granja.

LOS MONARCAS Y LA ALTA NOBLEZA EUROPEA PROMOVIERON LA CONSTRUCCIÓN DE ESTAS FASTUOSAS RESIDENCIAS.

Hampton Court

Estamos ante uno de los palacios reales más grandes de Inglaterra. Durante más de doscientos años, en él residieron los monarcas, desde Enrique VIII (1509) hasta Jorge II (1760).

Castillo de Hampton Court

Castillo de Benrath

Castillo de Chambord

EL CONJUNTO DE RESIDENCIAS REALES Y seño-riales del valle del Loira compone uno de los mejores ejemplos de arquitectura francesa del re-nacimiento. Bajo el nombre de *château* (castillo) se denomina en Francia a esta ti-pología que une el esquema del castillo medieval y el lujo del palacio renacentista con sus jardines geométricos.

En 1515 llega al poder Francisco I, mece-nas del arte, que no dudó en rodearse de los mejores artistas italianos para que di-señaran y decoraran los palacios con los que pretendía dotar de esplendor a la corte. Quizás el mejor ejemplo lo encontre-mos en el castillo de Chambord, pabellón de caza encargado por Francisco I y fina-lizado ya en época de Enrique II, en 1659. Se desconoce quién fue el artífice del di-seño, aunque es unánime la adjudicación a un maestro italiano por la organización si-milar a la de las villas renacentistas de planta centralizada. La ejecución del pro-yecto por parte de maestros franceses des-dibujó por completo todo rastro de italia-nismos en el exterior y el interior. La suntuosa decoración es obra de talleres franceses y flamencos. Exteriormente Chambord tiene el aspecto de un castillo medieval, con gran torre del homenaje de

ARQUITECTURA DE LOS CASTILLOS
Palaciegos

ÉPOCA
Siglos XVI-XVIII.

LOCALIZACIÓN GEOGRÁFICA
Francia-Alemania-Inglaterra.

CONSTRUCCIONES MÁS EMBLEMÁTICAS
Castillo de Chambord, Castillo de Benrath y Palacio de Hampton Court.

NTRE LOS SIGLOS XVI Y XVIII los monarcas y la alta nobleza de los diferentes países europeos promovieron la construcción de residencias que, bajo la apariencia de recios castillos medievales, escondían en su interior todo el lujo que estas clases altas exigían para su suntuosa vida cotidiana. Quizás los ejemplos más característicos los encontremos en los castillos del Loira en Francia, en los numerosos castillos que se levantaron a orillas del Rin y en los castillos palaciegos de Inglaterra. Todas estas construcciones son grandes y lujosos edificios perfectamente integrados con los hermosos jardines que los rodean.

A LA IZQUIERDA
Vista aérea del palacio y jardines de Hampton Court.
PÁGINA ANTERIOR ARRIBA
Una impresionante vista del castillo de Chambord.
PÁGINA ANTERIOR ABAJO
Detalle de la fachada del palacio de Hampton Court.

SE DESCONOCE EL ARTÍFICE DEL DISEÑO DEL CASTILLO DE CHAMBORD, AUNQUE ES UNÁNIME LA ADJUDICACIÓN A UN MAESTRO ITALIANO.

planta cuadrada, rodeada por cuatro torres circulares. Numerosas construcciones se distribuyen por el resto del recinto, con tejados de múltiples chimeneas, torretas y tragaluces de distintos diseños.

Algo parecido encontramos en la ribera alemana del Rin, donde en los apenas sesenta kilómetros que separan las localidades de Coblenza y Bingen se alzan más de cuarenta castillos y palacios alineados junto al río. Un poco más al norte, cerca de la localidad de Colonia, destaca el castillo de Benrath (1755-1773), concebido como palacio de recreo para el príncipe Karl Theodor. Es un magnífico ejemplo de castillo palaciego en estilo barroco tardío. La

perfecta unión entre palacio y jardines lo convierte en una de las más hermosas construcciones palaciegas de esta época en toda Europa.

En el caso de Inglaterra, la suntuosidad de las residencias reales es sólo comparable al caso francés. A orillas del Támesis encontramos el palacio de Hampton Court, uno de los palacios reales más grandes de Inglaterra, y en el que residieron los monarcas desde Enrique VIII (1509) hasta Jorge II (1760). Está formado por una serie de edificios simétricos de ladrillo rojo construidos alrededor de tres patios principales. En el interior, los apartamentos reales forman el primer piso de las alas sur

y este. Fueron diseñados por Christopher Wren para los reyes Guillermo y María. La entrada a estas habitaciones se hace desde el Patio del Reloj, pasando por la suntuosa escalera del rey, con una balaustrada de hierro forjado. Entre las distintas dependencias destacan la *drawing room* y el despacho del rey, el gabinete de la reina, el salón de audiencias, la galería de los Cartones y la curiosa Galería Encantada, que debe su nombre a la quinta mujer de Enrique VIII, Catherine Howard, que fue ejecutada por infidelidad y cuyo fantasma se dice que pasea por allí. Por último destaca la capilla real, a la que Enrique VIII agregó el techo abovedado en forma de abanico, tallado y dorado.

CAPITAL DEL IMPERIO AUSTRO-HÚNGARO, VIENA FUE UNA DE LAS CIUDADES MÁS IMPORTANTES DEL MUNDO.

Karlskirche

Fue construida en 1716 por J. B. Fischer von Erlach por encargo del emperador Carlos VI, que prometió construir una gran iglesia al patrón de la ciudad tras la peste acaecida en 1713.

Castillo de Schönbrunn
Ópera nacional
Karlskirche

ENTRE LOS NU-MEROSOS EDIFI-CIOS de esta época destaca el castillo de Schönbrunn, levantado en las afueras de la ciudad como residencia de verano de José I (1705-1711), a imagen y semejanza de Versalles. El castillo posee cerca de mil quinientas estancias, decoradas muchas de ellas en estilo rococó, con estucos, dorados, frescos, óleos, esculturas, tapicerías, muebles, lámparas de cristal de Bohemia y porcelanas chinas. Este palacio conserva además numerosos recuerdos de Isabel de Wittelsbach, más conocida como Sissi (1837-1898), que se casó con el emperador

Francisco José I, convirtiéndose en emperatriz de Austria entre 1854 y 1867.

La monumental fachada del conjunto presenta elementos clásicos y barrocos, con pilastras de orden gigante que se alternan con sucesivas ventanas cuadradas y rectangulares. El peculiar color amarillo con el que se pintó la fachada es conocido como «amarillo María Teresa».

En cuanto a la arquitectura religiosa, el edificio más destacado del barroco vienés fue la iglesia de San Carlos Borromeo o Karlskirche, construida en 1716 por J. B. Fischer von Erlach. Debido a la peste acaecida en 1713 en Viena, el emperador Carlos VI pro-

ARQUITECTURA BARROCA
Austrohúngara

ÉPOCA

Siglos XVIII-XIX.

LOCALIZACIÓN GEOGRÁFICA

Austria-Hungría.

CONSTRUCCIONES MÁS EMBLEMÁTICAS

Castillo de Schönbrun, iglesia de Karlskirche y Ópera de la corte Imperial y Real o *Hofoper*.

DURANTE CASI CIENTO CINCUENTA AÑOS, Viena sufrió continuos asedios turcos (1529-1683), el último de los cuales lo inició el gran visir Kara Mustafá y marcó el comienzo del declive del Imperio Otomano en Europa. Leopoldo I consiguió reunir un ejército formado por tropas austriacas, alemanas y polacas, que evitó el sitio turco y derrotó su ejército en una batalla librada delante de los muros de la ciudad. Viena comenzó entonces un periodo de paz que le permitió durante entre los siglos XVII y XIX ser residencia imperial y comenzar a embellecerse con espléndidos palacios e iglesias barrocas.

A LA IZQUIERDA
Vista de la cúpula de la iglesia de Karlskirche desde el interior.
PÁGINA ANTERIOR ARRIBA
Vista del castillo de Schönbrunn con sus hermosos jardines.
PÁGINA ANTERIOR ABAJO
Vista general de la iglesia de Karlskirche.

EN CUANTO A LA ARQUITECTURA RELIGIOSA, EL EDIFICIO MÁS DESTACADO DEL BARROCO VIENÉS FUE LA IGLESIA DE SAN CARLOS BORROMEO.

metió construir una gran iglesia dedicada al patrón de la ciudad. Su fachada sintetiza genialmente los elementos de la arquitectura clásica, ya que consta de un pórtico flanqueado por dos columnas trajanas, unos cuerpos bajos perforados por arcos que recuerdan los extremos de la fachada de Maderno en San Pedro del Vaticano, y una cúpula de color verdoso, característico vienés, que se puede emparejar con la de Sant' Agnese de Roma. Los relieves sobre las dos columnas de cuarenta y siete metros de altura muestran escenas de la vida de san Carlos. En el interior la planta es una elipse precedida de un vestíbulo y rematada por un profundo presbiterio. Dos capillas marcan una especie de cruz

griega. La decoración interior se basa en frescos de Michael Rottmayr.

Con la constitución del Imperio Austrohúngaro (también denominado Monarquía Dual o simplemente Austria-Hungría, nombre que recibió el imperio austriaco regido por la casa de Habsburgo desde 1867 hasta su desaparición en noviembre de 1918), la capital imperial, Viena, fue durante la segunda mitad del siglo XIX y principios del XX una de las ciudades más importantes del mundo.

El centro de Viena, conocido como *Innere Stadt*, o ciudad interior, se encontraba rodeado de murallas defensivas. Intentando

emular al plan Haussmann de París, el emperador Francisco José I las demolió en 1857 para construir un ancho bulevar, conocido como *Ringstrasse,* que rodea el centro y que se llenó de imponentes edificios, monumentos y parques. Uno de esos edificios fue la Ópera de la Corte Imperial y Real, conocida como *Hofoper*. Con su fachada orientada a la nueva avenida, la Ópera presenta una galería con cinco arcos de medio punto flanqueados por esbeltas columnas y una logia en el piso superior. La inmensa cúpula curva que la corona nos recuerda a la cúpula de la Ópera de Garnier parisina, ya que el arquitecto francés fue consultado sobre el modo de cubrir el teatro.

ÉPOCA

Siglos XV-XIX.

LOCALIZACIÓN GEOGRÁFICA

Rusia.

CONSTRUCCIONES MÁS EMBLEMÁTICAS

Catedral de la Dormición, catedral de la
Anunciación, Plaza Roja, catedral de San Basilio.

L A CIUDAD DE MOSCÚ, situada en el principado de Vladimir, ocupaba ya en el siglo XIII una posición estratégica en el centro de Rusia y en la encrucijada de las principales rutas comerciales del país. En 1328 Iván I Kalitá fue nombrado gran duque de Moscú y trasladó la sede de la Iglesia ortodoxa rusa al Kremlin, en la capital del Gran Ducado. Una vez que los duques moscovitas se ganaron el apoyo de la Iglesia, comenzaron a organizar un nuevo Estado y se proclamaron príncipes de toda Rusia.

A LA IZQUIERDA
Cúpulas de la
catedral de San
Basilio.
ARRIBA :
Plaza Roja y
catedral de San
Basilio.
PÁGINA SIGUIENTE
La plaza Roja de
Moscú al
atardecer.

Arquitectura de los
Zares

El Kremlin (del ruso *kreml* o «fortaleza») comenzó a partir de 1453 a embellecerse con la edificación de palacios, monasterios y residencias, convirtiéndose en una verdadera ciudad, cuyo centro era la plaza de las catedrales. Con las invasiones mongolas y tártaras se tuvo que reforzar el recinto con una muralla de casi dos kilómetros, realizada con grandes bloques de piedra y reforzada por torres con puertas de acceso.

El gran duque Iván III el Grande comenzó a denominarse zar (derivado del latín *caesar*) e inició el periodo constructivo más intenso de la historia del Kremlin. Su superficie se amplió a veintiocho hectáreas y se levantaron los muros y las dieciocho torres que dan al Kremlin su actual aspecto. Durante los siglos XV y XVI se construyeron un conjunto de iglesias y catedrales entre las que destaca la de la Dormición (1474-1479), realizada por Fioravanti y compuesta de cinco cúpulas bulbosas y una ornamentación severa y de formas simples. A su lado se construyó la iglesia del Descenso de Cristo, que sirvió de capilla privada para los patriarcas.

En 1502 se inicia la construcción de la Catedral del Arcángel Miguel, por Alevisio Novo. Presenta elementos propios de la arquitectura italiana del siglo XV, aunque conserva la estructura de una iglesia de la antigua Rusia.

La construcción más destacada de este periodo es la catedral de la Anunciación, realizada entre 1484 y 1489 sobre una construcción anterior. Se distingue por sus tres grandes cúpulas y por ser la que reúne más características constructivas del Moscú primitivo, como el uso del ladrillo, los frisos con arquerías entre los muros y las galerías porticadas que dan a la plaza.

También son destacables una serie de edificios civiles, como el palacio Granovitaya o de las Facetas, caracterizado por una peculiar fachada decorada con sillares tallados en punta de diamante, característica del renacimiento italiano. También destaca el campanario de Iván el Grande, una torre de tres pisos en contractura perceptible desde cualquier punto del Kremlin y que, en el momento de su construcción (1505), fue el monumento más alto de Rusia, con 81 metros de altura.

A los pies del muro oriental del Kremlin se situó la Plaza Roja, un inmenso espacio

Plaza Roja
La Plaza Roja, situada a los pies del muro oriental del Kremlin, está considerada como el símbolo de Moscú.

abierto que se convirtió en uno de los lugares más emblemáticos de la vida política del siglo XX. En ella se levantó la catedral de San Basilio (1554-1560), formada por un conjunto de ocho iglesias pequeñas alrededor de una principal. La torre está rodeada por una fantástica variedad de cúpulas. El exterior, originalmente blanco, se pintó en el siglo XVII, cuando la cubierta de hierro se reemplazó por tejas de colores.

Posteriormente se construyeron el palacio del Antiguo Senado y el Gran Palacio (1825-1855). El Museo Histórico, construido a finales del siglo XIX, y el mausoleo de Lenin completan el conjunto de la Plaza Roja y el Kremlin.

A los pies del muro oriental del Kremlin se situó la Plaza Roja, un inmenso espacio abierto de unos 73.000 metros cuadrados de extensión.

223

ARQUITECTURA ROMÁNTICA
Alemana

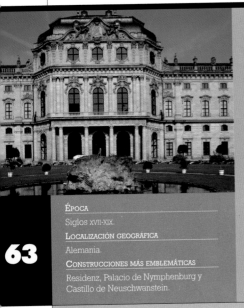

ÉPOCA

Siglos XVII-XIX.

LOCALIZACIÓN GEOGRÁFICA

Alemania.

CONSTRUCCIONES MÁS EMBLEMÁTICAS

Residenz, Palacio de Nymphenburg y
Castillo de Neuschwanstein.

MUNICH (EN ALEMÁN, *MÜNCHEN*) está situada al sur de Alemania central, capital del *land* (Estado) de Baviera (*Bayern*). A mediados del siglo XIII era un importante centro comercial y residencia de la familia Wittelsbach, duques de Baviera. Hacia el siglo XVI se comenzaron las obras de la residencia principal de los duques de Baviera o Residenz. Las obras de este monumental edificio se prolongaron durante dos siglos, la característica que lo define es su eclecticismo, ya que combinaba elementos barrocos, rococós y clásicos.

A LA IZQUIERDA
Fachada de la
Residenz.
**PÁGINA SIGUIENTE
ARRIBA**
El castillo de
Neuschwanstein
parece sacado de
un cuento.
**PÁGINA SIGUIENTE
ABAJO**
Vista de la fachada
principal del
palacio de
Nymphenburg.

EL CASTILLO DE NEUSCHWANSTEIN O DEL REY LOCO ES UNO DE LOS LUGARES MÁS CONCURRIDOS POR LOS TURISTAS QUE VISITAN LA CIUDAD ALEMANA.

CUANDO ALCANZA EL PODER MAXIMILIANO I (1597-1651), primer duque de Baviera, que llegó a ser príncipe elector en 1623, se comenzó una ambiciosa reforma y ampliación de la residencia.

Será en este periodo cuando se realicen los espléndidos salones renacentistas, así como la construcción del *antiquarium*, la parte más antigua de la residencia y destinada a albergar la colección familiar de antigüedades, y la fachada principal de la Residenzstrasse. Posteriormente, con la ocupación de la residencia por Maximiliano José I (1806-1825), se construyó, ya en estilo clásico, la fachada de la Königsbau, compuesta por tres cuerpos con almohadillado destacado y articulados con pilastras y ventanas de medio punto en el primer y segundo piso, lo cual recuerda a los palacios renacentistas italianos.

Durante los siglos XVII y XVIII se prolongó la construcción de la residencia de verano de los duques de Baviera o Nymphenburg (palacio de las Ninfas), que hoy en día está integrado perfectamente en el trazado urbano de la ciudad.

Iniciado en el año 1653, será con Maximiliano Emmanuel (1679-1726) cuando se convierta en uno de los palacios alemanes más destacados del estilo barroco. La influencia versallesca se halla latente en los jardines y en el pabellón de caza de Amalienburg (1734-1739), considerado uno de los edificios rococós más perfectos que existen. En su interior destaca la sala de los Espejos, ejemplo perfecto del rococó específicamente alemán, ya que ningún arquitecto francés se hubiera atrevido a romper los elementos arquitectónicos de la columna y el entablamento, tan característicos de este estilo arquitectónico.

EL CASTILLO DE LUIS II ESTÁ SITUADO EN OSTALLGAÜ, AL SUR DE BAVIERA. SUS FORMAS RECUERDAN A LOS CASTILLOS DE LOS CUENTOS INFANTILES.

Cuando llegó al poder Luis II (1845-1886), apodado el Rey Loco, último monarca de la dinastía de los Baviera, se convirtió en un gran mecenas de las artes: proporcionó ayuda económica a Richard Wagner durante los primeros años de su carrera y encargó la construcción de diversos castillos en el más puro estilo romántico. Entre todos ellos destaca el castillo de Neuschwanstein (1869-1886) que lleva a sus últimas consecuencias el neogótico inspirado en los antiguos palacios de la época feudal alemana. Diseñado por Christian Jank, pintor de escenografías, recuerda a un castillo de cuento de hadas. Su interior cuenta con maravillosas estancias, como el bizantino salón del Trono, la sala de canto, creada a la medida de las obras de Wagner, o un abigarrado pasillo que asemeja una gruta y que lleva al dormitorio del monarca.

Pero el monarca no pudo disfrutar del castillo: cuando tan sólo llevaba unos meses viviendo en él, declararon a Luis II incapacitado mentalmente para gobernar. No había transcurrido todavía una semana cuando Luis II y su médico personal fueron encontrados ahogados en el lago del castillo en el que había sido recluido.

Palacio de Nymphenburg

Durante los siglos XVII y XVIII se prolongó la construcción de la residencia de verano de los duques de Baviera o Nymphenburg (palacio de las Ninfas), que hoy en día está integrado perfectamente en el trazado urbano de la ciudad.

225

Castillo de Neuschwanstein, un castillo
de cuento de hadas diseñado por
Christian Jank, pintor de escenografías.

64

BERLÍN SUFRIÓ UN ESPECTACULAR DESARROLLO URBANÍSTICO SIGUIENDO UNOS PATRONES ORDENADOS Y RACIONALES.

Gendarmenmarkt

Es uno de los lugares más populares de la ciudad de Berlín, gracias a la monumentalidad aportada por la existencia de dos catedrales y el salón de conciertos, foco importante de cultura, en el que se suelen dar recitales de música clásica.

LA FACHADA PRINCIPAL DE LA CATEDRAL, de estilo neoclásico, presenta columnas de orden gigante, nichos y vanos formados por arcos de medio punto, decoración en relieve entre las columnas y potente frontón, esculpido en 1897 por Nikolaus Geiger y que representa la Adoración de los Reyes Magos.

Durante la Segunda Guerra Mundial, la catedral fue bombardeada. En marzo de 1943 fue destruida parte de la catedral, que tuvo que ser reconstruida de una ma-

ARQUITECTURA
Prusiana

ÉPOCA
Siglos XVIII-XIX.
LOCALIZACIÓN GEOGRÁFICA
Alemania.
CONSTRUCCIONES MÁS EMBLEMÁTICAS
Catedral de San Hedwige, Ópera de
Berlín y conjunto de Gendarmenmarkt.

ONVERTIDO EN UNO DE LOS NÚCLEOS de la Ilustración centroeuropea, Berlín sufrió un espectacular desarrollo urbanístico siguiendo unos patrones ordenados y racionales. Arquitectos como Knobelsdorff y Gontard levantaron edificios tan destacados como la catedral católica de Santa Eduvigis o Santa Hedwige (1747-1773). En 1747, Silesia, territorio católico, fue anexionado por Prusia. El rey Federico II cedió, en compensación, un terreno para levantar esta iglesia en honor a san Hedwig, patrón de Silesia. Levantada conforme a las indicaciones específicas del rey, esta catedral posee una estructura central inspirada en el Panteón de Roma, con una gigantesca cúpula en el centro con el característico color verdoso prusiano, por la cubierta con láminas de cobre.

A LA IZQUIERDA
En la Gendarmenmarkt están enfrentadas las dos catedrales.
PÁGINA ANTERIOR ARRIBA
Vista general de la Gendarmenmarkt.
PÁGINA ANTERIOR ABAJO
Fachada del salón de conciertos de la Gendarmenmarkt.

LA TRANSFORMACIÓN QUE EXPERIMENTÓ BERLÍN DURANTE LOS SIGLOS XVIII Y XIX SE PLASMA PERFECTAMENTE EN SU ARQUITECTURA.

nera historicista, conservando el aspecto original.

Muy cerca de la catedral de Santa Hedwige encontramos otra fachada muy similar, en la Ópera de Berlín, construida en 1741 en apenas diez meses. Su fachada neoclásica copia de nuevo el frontón clásico coronado por esculturas y seis altas columnas corintias.

Arquitectos como Schlüter, Nering y Eosander fueron los responsables de los grandes conjuntos arquitectónicos levantados en Berlín en el siglo XVIII, como fueron las residencias reales de Charlottenburg y Monbijou y el gran conjunto del Gendarmenmarkt. Sin duda alguna, el desembolso económico que implicó la construcción de estos edificios llevó a la bancarrota de la nación.

Considerada una de las plazas más hermosas de Europa, la Gendarmenmarkt comenzó a construirse a finales del siglo XVII. Su nombre proviene de los gendarmes o generales, quienes tuvieron aquí su cuartel desde 1736 a 1773.

A partir de 1777 se proyectaron los tres edificios que forman la plaza: la Französischer Dom (catedral francesa), Deutscher Dom (catedral alemana) o Schauspielhaus y el Konzerthaus.

El Konzerthaus es un salón de conciertos de estilo neoclásico levantado en 1821 por el arquitecto Karl Friedrich Schinkel sobre las ruinas del Teatro Nacional, destruido en 1817. De la antigua edificación se aprovecharon las altas columnas jónicas y algunas paredes exteriores.

Las catedrales francesa (1701-1705) y alemana (1708) son aparentemente idénticas y se levantan una enfrente de la otra. La torre y los pórticos de ambas fueron añadidos en 1785 por Carl von Gontard siguiendo el estilo neoclásico que acompaña a todo el conjunto. En el centro de la plaza se alza la estatua del famoso poeta alemán Friedrich Schiller.

ARQUITECTURA DE LA VANGUARDIA
Alemana

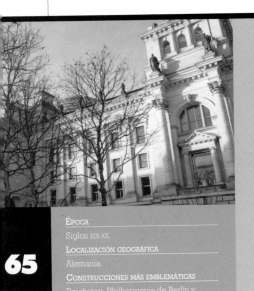

EN 1871 BERLÍN SE CONVIRTIÓ EN LA CAPITAL del Segundo Imperio Germánico o II Reich, denominación del Estado alemán desde 1871 hasta 1918. El emperador Guillermo y Otto von Bismark, el primer canciller imperial, querían un nuevo Berlín. Proyectaron planes urbanísticos que engrandecieron la ciudad hasta convertirla en una metrópolis industrial especializada en la fabricación de maquinaria, productos eléctricos y textiles. La construcción de numerosos edificios comerciales y fábricas fue un reclamo para miles de trabajadores que buscaban una mejora salarial, aunque tuvieran que albergarse en barracones o viviendas de mala calidad.

A LA IZQUIERDA
Fachada del Reichstag.
PÁGINA SIGUIENTE ARRIBA
Vista general al atardecer de la Philharmonie de Berlín.
PÁGINA SIGUIENTE ABAJO
Puerta de Brandeburgo.

ÉPOCA
Siglos XIX-XX.

LOCALIZACIÓN GEOGRÁFICA
Alemania.

CONSTRUCCIONES MÁS EMBLEMÁTICAS
Reichstag, Philharmonie de Berlín y Puerta de Brandeburgo.

65

EL REICHSTAG, TRAS LA CAÍDA DEL MURO DE BERLÍN, FUE RESTAURADO PARA SER EL PARLAMENTO FEDERAL.

UNA DE LAS PRIMERAS ACTUACIONES fue la creación de la calle Káiser Wilhelm, gran avenida que discurría por el centro de la ciudad antigua y que se convirtió en zona residencial de la burguesía y sede de oficinas de prestigio. Quizás sea la arquitectura monumental historicista la que mejor represente las aspiraciones de este nuevo régimen. Sin duda el edificio más destacado es el palacio del Reichstag, obra del arquitecto Paul Wallot entre 1884-1894, cuya función fue ser sede de la asamblea legislativa del II Reich. Claro ejemplo de ese historicismo

alemán, este monumental palacio presenta influencias del modelo renacentista italiano. Wallot proyectó una cúpula de ochenta y cinco metros de altura para cubrir el salón de plenos que se encuentra en el centro del edificio. La imposibilidad técnica de llevarla a cabo le obligó a reducirla de tamaño y levantarla en acero y vidrio. Muy dañado por el incendio de 1933 y durante la II Guerra Mundial, ha sido restaurado posteriormente por el arquitecto inglés Norman Foster.

Tras la I Guerra Mundial, los municipios más cercanos a Berlín se integraron en la ciudad, lo que provocó un espectacular crecimiento de la misma. Pese a los problemas económicos que Berlín experimentó durante la malograda República de Weimar (1919-1933), la ciudad seguía contando con una rica y variada oferta cultural que la hacía única en Europa.

Durante los años del nazismo, se inició un ambicioso programa de edificación, mediante el cual Adolf Hitler quería convertir la ciudad en la primera de las capitales del mundo, pero a causa del empobrecimiento progresivo de la ciudad, el escaso valor arquitectónico del proyecto y el comienzo de la II Guerra Mundial nunca se concluyó. Hacia el final de la guerra, los bombardeos estadounidenses destruyeron muchas zonas

DURANTE LA REPÚBLICA DE WEIMAR BERLÍN ERA RECONOCIDA EN TODO EL MUNDO POR SUS TEATROS, EXPOSICIONES Y ENCUENTROS CULTURALES.

de la ciudad, llegando a contabilizarse cerca de cincuenta mil edificaciones destruidas.

El centro de la ciudad ofreció entonces un verdadero reto para los artífices de su reconstrucción. Berlín creció de forma vitalista, pero irregular, debido a las deudas contraídas durante las guerras, que frenaban la recuperación urbanística. Para poner fin a la marcha de población del este hacia el sector occidental de la ciudad, se levantó en 1961 un muro de hormigón de cuarenta y siete km de longitud y cuatro metros de altura alrededor del Berlín occidental. El crecimiento desigual de las dos partes de la ciudad desembocó en dos planos urbanís-

ticos diferenciados. La parte occidental sufrió un desarrollo irregular con gran variedad de soluciones constructivas, que convirtieron a la ciudad en un banco de pruebas de los más prestigiosos arquitectos del momento, como Hans Scharoun, que finalizó en 1963 la construcción de la Philharmonie de Berlín con una novedosa concepción orgánica. Por el contrario, Berlín oriental adoptó un desarrollo basado en la creación de bloques monótonos de viviendas con un trazado a menudo cuadriculado y repetitivo.

Con el derribo en 1989 del denominado «muro de la vergüenza», la capital alemana volvía a tener un desarrollo unitario, cuya principal finalidad fue unir a una ▸

Conflictos bélicos

La guerra de los Treinta Años, las guerras Napoleónicas, la Revolución Alemana de 1848 o las devastadoras guerras mundiales fueron los conflictos más destacados en los que Alemania se vio involucrada.

Arquitectura de la vanguardia **Alemana**

La arquitectura que comienza con el II Reich destacó por la monumentalidad y el deseo de mostrar la importante historia de Alemania. Desde las primeras incursiones en el urbanismo de la ciudad de Berlín, como fue la creación de la nueva avenida Káiser Wilhelm hasta el palacio del Reichstag, se puede observar esta tendencia hacia el historicismo, además de presentar un fuerte influjo del renacimiento italiano en muchas de las construcciones .

sociedad profundamente dañada. Las intervenciones tuvieron un objetivo integrador, con una gran proyección de futuro, pero sin olvidarse de la recuperación de la memoria histórica, mediante la restauración y reconstrucción de edificios emblemáticos como el Reichstag, remodelado para albergar el Bundestag o Parlamento Federal, o el conjunto del Friedrichstadt, reconstruido mediante la integración de la Pariserplatz y la monumental puerta de Brandeburgo.

A LA IZQUIERDA
Vista general del
Reichstag.

ÉPOCA
Siglos XIX-XX.

LOCALIZACIÓN GEOGRÁFICA
Francia.

CONSTRUCCIONES MÁS EMBLEMÁTICAS
Plan Haussmann, Ópera de Garnier y Torre Eiffel.

EN 1852 SUBE AL PODER Napoleón III. El apogeo de este imperio se reflejó en las intervenciones urbanísticas y los grandes proyectos que se iniciaron en el París decimonónico. Una de las empresas más importantes que afrontó en el momento de coronarse emperador fue la reordenación urbanística de París, planificada y dirigida por Georges Eugène Haussmann. Entre los objetivos de esta transformación urbana estaba la necesidad de disponer espacios regulares para las nuevas y modernas instalaciones urbanas, y la racionalización de los espacios para el tráfico y para contener los movimientos revolucionarios, mediante amplias y rectas avenidas.

A LA IZQUIERDA
La Torre Eiffel, símbolo de la capital francesa.
ARRIBA
Fachada principal de la Ópera de Garnier.
PÁGINA SIGUIENTE
La Torre Eiffel vista desde abajo.

ARQUITECTURA DECIMONÓNICA
Parisina

PARÍS QUEDÓ DIVIDIDA EN VEINTE DISTRITOS o divisiones administrativas. Se construyeron bulevares y grandes avenidas, proyectadas, generalmente, con una o dos filas de árboles en las aceras. Los bloques de edificios que las flanqueaban constaban de comercios en la plantas bajas y viviendas en las superiores. Un nuevo sistema de alcantarillado y abastecimiento de agua mejoró la salubridad. También se construyeron amplias zonas verdes en el centro de la ciudad. Estas actuaciones ejercieron posteriormente una enorme influencia en el planeamiento urbanístico del resto de Europa, Iberoamérica y las colonias francesas de ultramar.

El atentado que sufrieron Napoleón III y su esposa Eugenia de Montijo al dirigirse al antiguo Teatro de la Ópera provocó una especie de psicosis en el emperador por nuevos atentados. Mandó entonces reconstruir la nueva Ópera en un lugar seguro y con multitud de pasadizos, para una posible fuga. Charles Garnier fue el encargado de llevar a cabo la construcción del nuevo Teatro de la Ópera e, ins-

pirándose en la de Burdeos, de 1780, fabricó un armazón de acero que quedó oculto bajo la decoración de mármoles de colores, mosaicos, estucos y bronces. La fachada presenta una logia de arcos de medio punto, sobre la que se levanta un piso articulado con dobles columnas de orden gigante que se alternan con grandes ventanas adinteladas. El conjunto lo corona una cornisa con grupos escultóricos realizados en bronce. En los laterales se levantaron pabellones destinados a los abonados y al emperador, que poseía una entrada independiente del resto.

En el interior del edificio destacan las escalinatas de acceso del segundo al primer piso. El techo de la ópera se decoró en 1964 con pinturas de Marc Chagall. Sin duda este edificio fue el ejemplo más característico del pomposo estilo de Napoleón III, también llamado estilo Segundo Imperio.

Las Exposiciones Universales, iniciadas en Londres en 1851, caracterizaron la segunda mitad del siglo XIX y primeras décadas del XX. El arquitecto Gustave Eiffel inició en 1896 una inmensa torre metálica, de más de trescientos metros, que

Torre Eiffel

La torre fue levantada en el Campo de Marte en tan sólo veintiséis meses por un equipo permanente de sesenta obreros. Alcanzó una altura inicial de trescientos doce metros, pero con la antena añadida posteriormente llegó a los trescientos veinte metros.

sirvió de entrada a la Exposición Universal de 1889 y que hoy en día conocemos como la Torre Eiffel.

Alcanzó una altura inicial de trescientos doce metros, pero con la antena añadida posteriormente llegó a los trescientos veinte metros, lo que la convirtió en la construcción más alta del mundo hasta 1931, cuando fue superado por el Empire State Building, en Nueva York. La altura de la Torre Eiffel varía hasta en dieciocho centímetros según la temperatura.

ARQUITECTURA MODERNISTA EN
España

EL MODERNISMO SE MANIFESTÓ en numerosos aspectos artísticos, desde la arquitectura, el interiorismo y el mobiliario hasta el vidrio, la cerámica o los textiles. Se caracterizó principalmente por sus líneas curvas y ondulantes y por las formas inspiradas en la naturaleza, con frecuentes elementos fantásticos y mitológicos. Como estilo decorativo, se utilizó con gran éxito en metalistería, joyería, cristalería e ilustración de libros, en los que se aprecian claras influencias de los grabados japoneses. El mayor exponente del modernismo en España es Gaudí, del que podemos admirar excelentes muestras de sus trabajos, sobre todo, en la ciudad de Barcelona.

ÉPOCA
Siglos XIX-XX
LOCALIZACIÓN GEOGRÁFICA
España.
CONSTRUCCIONES MÁS EMBLEMÁTICAS
Parque Güell, casa Milà y Sagrada Familia.

67

EL MÁXIMO CRECIMIENTO URBANÍSTICO BARCELONÉS SE ENCONTRABA EN ESE MOMENTO EN EL ENSANCHE.

EL MODERNISMO EN BARCELONA ES un fenómeno que afectó a toda la ciudad, especialmente en el *Eixample* (Ensanche), que era en ese momento la zona de expansión de la ciudad. Pero también se dio en los municipios circundantes a la ciudad y en intervenciones concretas en el casco antiguo, aportando una fisonomía particular a la capital de Cataluña en el tránsito entre ambos siglos.

Las primeras manifestaciones espectaculares de este nuevo arte, radicalmente distinto y esplendorosamente creativo, son obra de un mismo arquitecto: el joven y entonces poco conocido Antoni Gaudí. Él levantó en la calle Carolines en el barrio de Gracia la casa Vicens (1883), que presenta una fachada con una geometría de formas rectas resaltadas por la utilización de bandas de azulejos que recuerdan el arte islámico y que rompen con el concepto que se tenía entonces de casa unifamiliar convencional.

Pero muchas de sus realizaciones más características las hizo al servicio de un mismo cliente, Eusebi Güell Bacigalupi, para quien realizó, por ejemplo, el parque Güell (1900-1914), que fue el gran proyecto urbanístico de Gaudí. El parque propone una simbiosis de la naturaleza con la arquitectura. Las formas expresan su condición natural a través de la riqueza de sus texturas. Desde la referencia a la tierra, percibida en la potencia expresiva de la piedra de los viaductos, hasta la riqueza cromática de la cerámica, se puede apreciar la sabia utilización de la luz, único material de la arquitectura, según Gaudí.

Paralelamente a la construcción del parque Güell, Gaudí reformó la casa Batlló (1904) y construyó la casa Milá (1906),

EN 1891 YA ESTABA FINALIZADA LA CRIPTA Y COMENZÓ LA CONSTRUCCIÓN DEL ÁBSIDE, TODAVÍA EN ESTILO NEOGÓTICO.

conocida popularmente como «La Pedrera» (o cantera) debido a que el exterior se asemeja a un acantilado. Encargada por Pedro Milá y Camps, es una de las casas-vivienda más insólitas de todas las épocas. En ella todas las formas se rompen y adquieren connotaciones orgánicas: paredes onduladas, barandillas de hierro forjado en los balcones, plantas sin muros de carga y azotea poblada de salidas cubiertas y chimeneas de aspecto fantástico que parecen cabezas de guerreros.

Esta obra fue la última obra civil construida por Gaudí antes de emprender el proyecto de la Sagrada Familia, sin duda su obra maestra. Gaudí se hizo cargo del proyecto en 1883, cambiando completamente la planta preexistente gótica por una construcción neogótica de irrefrenable fantasía. En 1891 ya estaba finalizada la cripta y se comenzó la construcción del ábside, todavía en estilo neogótico.

En la fachada de levante o del Nacimiento (1917) realizó un grupo escultórico en una de las tres portadas de que consta y cuatro campanarios coronados por la característica cruz gaudiana, recubierta de mosaicos de colores. En la actualidad, esta gran obra todavía está en construcción.

Casa Milà o «la Pedrera»

Gaudí había proyectado un conjunto escultórico de más de cuatro metros, con la Virgen María en el centro, que presidía la fachada. Finalmente se decidió no colocarlo a causa de los violentos disturbios de la Semana Trágica, en 1913.

OCEANÍA

68

El edificio de la Ópera de Sídney es uno de los más emblemáticos de la ciudad australiana.

Ópera de Sídney

El diseño de Jorn Utzon ha sido premiado y reconocido internacionalmente; ha logrado ubicar en el puerto de Sídney una estructura célebre, bella en sí misma y con capacidad para convertirse en todo un símbolo de Australia.

Ópera de Sidney
Puente del Puerto

SÍDNEY ES LA CIUDAD MÁS GRANDE Y antigua de Australia. Además, ostenta la capitalidad del estado más antiguo de la isla: Nueva Gales del Sur.

Corría el año 1768 cuando el capitán inglés James Cook (1728-1779) partió de Inglaterra en lo que sería el primero de sus tres viajes y que lo llevó, en 1770, a desembarcar en la bahía de Botany, en la costa oriental australiana. Tras la toma de la región, la bautizó con el nombre de Nueva Gales del Sur en honor a su país de procedencia. A partir de entonces el gobierno británico comenzó a trasladar allí a numerosos convictos que atestaban las prisiones inglesas. Pero mucho ha cambiado la ciudad desde sus orígenes hasta la moderna e industrializada Sídney, sede de los Juegos Olímpicos del 2000. En esta evolución de la ciudad de Sídney hay que mencionar, sin lugar a dudas, la renovación arquitectónica que se produjo hacia la década de 1950, cuando el gobierno de Nueva Gales del Sur organizó un concurso internacional para la realización de las obras de un centro dedicado a las bellas artes y el espectáculo. La única condición impuesta por el comité en

ARQUITECTURA DE
Sídney

A LA IZQUIERDA
Detalle de las
cubiertas de la
Ópera de Sídney.
PÁGINA ANTERIOR
ARRIBA
La Ópera de
Sídney, una de las
obras
arquitectónicas
más costosas de
nuestro siglo.
PÁGINA ANTERIOR
ABAJO
Vista general de la
Ópera de Sídney y
del puerto.

ÉPOCA
Siglo xx.
LOCALIZACIÓN GEOGRÁFICA
Australia.
CONSTRUCCIONES MÁS EMBLEMÁTICAS
Ópera de Sídney y Puente del Puerto.

Se ha llegado a decir de la ópera de Sídney que era un proyecto absurdo e innecesario para un país que ni siquiera había resuelto aún los problemas de hambruna y miseria. La polémica que levantó queda patente en el discurso de inauguración que en 1973 realizó la reina Isabel II, que llegó a decir: «La polémica más extrema rodeó la construcción de las pirámides; sin embargo, 4000 años más tarde, siguen en pie y están consideradas una de las maravillas del mundo. Creo que esto mismo sucederá con la ópera de Sídney». En la ópera de Sídney tan espectacular es el edificio como el espacio que ocupa.

EL PUENTE DEL PUERTO, DE 1932, ES OTRO MONUMENTO PARA LA METRÓPOLIS AUSTRALIANA POR LA PRECISIÓN Y LA ESPECTACULARIDAD DE SU ARQUITECTURA.

ese concurso era que, en el poco espacio del que se disponía, se proyectara un edificio visible desde todos los puntos cardinales. Cerca de doscientos treinta y tres proyectos compitieron para adjudicarse las obras, resultando como ganador el proyecto del arquitecto danés John Utzon.

Fue de esta manera como en 1957 se inició una de las construcciones más costosas y polémicas que se han emprendido en nuestro siglo. Situada en un escenario espectacular del puerto de Sídney, está rodeada de agua por tres de los cuatro lados y se levanta sobre un podio, una de cuyas partes descansa sobre tierra firme, y la otra

sobre una base formada por cerca de quinientos cincuenta pilones que se introducen hasta doce metros bajo el agua. La idea general del edificio era sencilla: se trataba de una plataforma con dos anfiteatros cortados en ella. Ligeramente arqueados sobre estos dos auditorios, se alzan sus característicos cascarones laminares, que, recubiertos de azulejos, se asemejan a velas de barcos y que homenajean al puerto de Sídney.

Las cubiertas de la ópera resultaban difíciles tanto de diseñar como de construir. La solución que prosperó fue la de considerar cada segmento de las láminas de la ópera como si perteneciesen a la misma

esfera e ir «desmembrando» la esfera en distintas secciones.

Muy cerca de la ópera se encuentra el puente del puerto de Sídney. Construido entre 1924 y 1932, es uno de los lugares más visitados. Cerca de mil cuatrocientas personas trabajaron durante los ocho años que se necesitaron para levantar este monumental puente, cuyo arco central tiene una longitud de quinientos tres metros y que alberga dos vías ferroviarias, ocho carriles para coches y varios para peatones y ciclistas. Para hacernos una idea de su tamaño, baste decir que la ardua tarea de repintarlo requirió diez años de trabajo.

El puente del puerto de Sídney iluminado.

ÍNDICES

ÍNDICE **geográfico**

E U R O P A

ÍNDICE **cronológico**